요즘 당근 AI 개발

요즘 당근 AI 개발

두려움보다 가능성을 선택한 사람들

AI가 서비스와 일하는 방식을 바꾸는 전환점에서, 당근 구성원들이 만들어낸 변화의 이야기를 담았습니다.

북미, 일본, 한국에서 실제로 가치를 만들어낸 경험들. 비용 부담 때문에 망설이지 않고 과감하게 지원하고, 함께 실험하며 찾은 가치들. 두려워하지 않고 직접 시도해보며 당근만의 방식을 찾아가는 과정들이 이 책에 솔직하게 담겨 있어요.

기술의 변화 속에서도 사람 중심의 가치를 지켜가며, 빠른 변화 속에서도 당근다운 방식으로 가치를 찾아가는 여정. 두려움보다 가능성을 믿고 행동한 결과가 여기 있습니다.

저도 이 책을 통해 우리 팀이 얼마나 많은 실험과 도전을 하고 있었는지, 제가 미처 알지 못했던 팀들의 도전과 성과들을 새롭게 발견하게 되어 놀랍고 자랑스러웠어요.

이 책이 AI와 함께 일하는 방법을 고민하는 분들께 좋은 영감이 되고, 우리의 이야기가 많은 분들께 도움이 되었으면 좋겠습니다.

정창훈 당근 CTO

시행착오와 문제 해결 경험이 생생하게 담긴 책

실제 현장에서 LLM 에이전트와 관련 프로덕트를 만들면서 겪은 시행착오와 문제 해결 경험이 생생하게 담긴 책입니다. 저 역시 당근에서 저자들과 긴밀하게 협업하며, 이들이 얼마나 많은 실험과 도전을 거쳐 현재의 노하우를 쌓았는지 가까이에서 지켜봤습니다.

이 책은 단순히 개념을 정리하는 수준에 머물지 않고, 실제 프로덕트에 올려보지 않으면 알 수 없는 깊이 있는 내용들을 담고 있습니다. 특히 당근이라는 회사가 가진 문제의식과 해결 과정이 고스란히 녹아 있어, 조직의 맥락 속에서 어떻게 LLM 기반 시스템을 설계하고 운영해야 하는지에 대한 현실적인 통찰을 제공합니다.

이 책은 단순한 기술서가 아니라, 당근이라는 회사가 어떤 방식으로 문제를 풀어갔는지를 기록한 생생한 사례집입니다. 각자의 환경에서 LLM과 에이전트 기반 시스템을 고민하는 분들께도 많은 영감을 줄 수 있을 것이라 생각합니다.

나동희 당근 Software Engineer, CPython 코어 개발자

당근다운 AI 여정, 그 시작의 이야기

이 책이 세상에 나오기까지의 여정은 당근의 문화 그 자체를 보여주는 이야기입니다.

처음 출판사에서 저에게 출간 기회를 제안해주셨을 때, 저는 꼭 '당근만의 이야기'를 담고 싶었습니다. 그래서 전사에서 AI를 가장 창의적이고 효과적으로 활용하고 있는 팀원들을 모아 처음부터 원고를 작성하기로 했습니다. 어디에서도 볼 수 없는 진짜 AI 활용 스토리를 담기 위해서 말이죠.

책을 만드는 과정에서 우리는 당근의 여러 팀을 찾아가 도움을 요청했습니다. 놀랍게도 모든 팀이 기꺼이 검토하고, 의견을 주셨어요. 이것이 바로 당근 문화입니다. 하고자 하는 사람이 강한 의지를 가지고 추진하면, 조직 전체가 서포트해주는 문화.

이 책은 실무진들이 어떤 고민을 하며 AI를 활용하고 제품에 녹여내는지에 집중한 생생한 현장 기록입니다. 각 팀원들의 실무에서의 깊은 고민과 시행착오, 그리고 작은 성공들이 고스란히 담겨 있습니다.

AI가 만든 파도 위에서 과감히 서핑하는 방법

급변하는 AI 시대를 맞이하며 저는 스스로에게 끊임없이 질문합니다.

"내 상상력은 어디까지일까?"
"내가 갇혀 있는 곳, 매몰되어 있는 곳은 어디일까?"

AI라는 거대한 파도가 밀려오고 있습니다. 이 파도를 두려워하며 뒤로 물러설 수도 있고, 아니면 과감히 서핑보드를 타고 그 파도 위에서 균형을 잡으며 앞으로 나아갈 수도 있습니다. 우리는 과감함을 선택했습니다.

우리가 푸는 문제의 본질은 변하지 않습니다. 하지만 AI를 통해 그 궁극적인 해답에 더 빠르게 도달할 수 있게 되었습니다. 지난 기간 동안 풀지 못했던 문제들이 이번 AI 로켓에 올라타면 정말 해결될지도 모른다는 기대감이 팀과 회사에 활기를 불어넣고 있습니다.

압도적인 속도로, 함께

빠르게 학습하고 계속 도전하지 않으면 도태되어 버릴 것 같다는 불안감을 많이 느낍니다. 하지만 그 불안감이야말로 우리를 더 빠르게, 더 멀리 나아가게 하는 원동력이기도 합니다.

우리의 경험이 AI라는 거대한 파도 위에서 서핑을 시작하려는 모든 개발자와 기획자, 그리고 혁신을 꿈꾸는 모든 이들에게 작은 영감이 되기를 바랍니다.

천재윤 Software Engineer

PART 3 LLM을 이용한 개발기 ··· 125

PART 1
AI 활용의 첫걸음

✦ 01

비개발자를 위한 바이브 코딩 도전기

#바이브코딩 #CursorAI #프롬프트엔지니어링 #비개발자코딩

Rose 이해린 Operations Manager

검색 품질을 높이기 위해서는 사용자의 행동 데이터와 피드백을 분석하고, 문서 적합성을 점검하며, 형태소 분석 사전과 의도 분류 데이터를 구축하는 등 다양한 운영 업무가 필요합니다. 이러한 운영 업무 수행에 있어 개발자와 수시로 소통하고 협업하지만, 직접 코드로 구현 작업을 할 일은 없었습니다. 호기심에 개발 강의를 보며 따라해본 적은 있지만, 기본 설정부터 막히는 부분이 많아 쉽게 지치기 마련이었죠.

그런데 AI 개발 도구를 활용하자 높은 장벽처럼 느껴졌던 난관을 너무나 쉽게 뛰어넘을 수 있었습니다. 웬만한 환경 설정은 자동으로 처리되기 때문에 아이디어에 집중해서 프롬프트만 요령 있게 작성하면 원하는 바를 얻을 수 있었습니다. 덕분에 머릿속 생각을 구현하는 데 드는 비용이 이전과 비교할 수 없을 만큼 낮아졌습니다. 그 결과, 도메인 지식을 활용해 시도할 수 있는 일의 범위가 자연스럽게 확장되어 업무를 바라보는 시각도 달라졌습니다. 이러한 변화로 업무에서 어떤 시도를 해서 무엇을 얻었는지 공유하려 합니다. 시행착오를 거치며 익힌 프롬프트 작성 노하우도 함께 담아 실제 활용에 도움이 되도록 했습니다. 사례를 소개하기에 앞서, 자연어만으로 아이디어를 구현할 수 있게 해주는 '바이브 코딩'이 무엇인지부터 먼저 살펴보겠습니다.

바이브 코딩이란

바이브 코딩Vibe Coding은 코드를 직접 작성하지 않아도 자연어 입력이나 이미지 업로드만으로 프로그램을 빠르게 만들 수 있는 대화형 개발 방식입니다. '느낌Vibe만 주세요, 코드는 AI가 짤게요'라고 표현할 수 있습니다. 사람에게 부탁하듯 자연스러운 문장으로 요구사항을 입력하면 AI가 자동으로 코드를 생성해줍니다. 이제 비개발자도 아이디어만 있다면 원하는 기능이나 프로그램을 손쉽게 구현할 수 있는 시대가 열린 것입니다.

바이브 코딩이 가능해진 배경에는 생성형 AI의 급격한 발전이 있습니다. 특히 대규모 언어 모델Large Language Model, LLM은 문장 구조와 맥락, 의미적 뉘앙스까지 정교하게 분석하고 이해할 수 있을 만큼 고도화되었습니다. 이전에는 단어 단위로 의미를 해석하고 단순한 명령에만 반응했지만, 이제는 문장 전체의 흐름과 의도를 파악해 복잡한 요구사항도 논리적으로 처리합니다. 사람이 글을 쓰거나 코드를 짤 때 다음에 어떤 내용이 와야 자연스럽고 논리적일지 판단하듯, AI도 그러한 연속성과 논리를 점차 습득하게 되었습니다.

예를 들어 과거에는 'if문 작성해줘'처럼 구체적인 요청을 하면 AI가 그에 맞는 코드 조각을 작성하는 수준이었습니다. 하지만 지금은 훨씬 복잡한 요구사항도 문장 하나로 전달할 수 있습니다. AI가 그 안에 담긴 의도와 흐름을 파악해 조건 처리, 버튼 클릭 같은 사용자 동작에 대한 반응까지 처리합니다. 또한 기능 단위로 코드를 나누고 정리하는 방식을 포함해 구조화된 코드를 처음부터 끝까지 자동으로 생성합니다.

여기에 코드 생성에 특화된 코딩 LLM이 등장하면서 단순한 코드 생성에서 벗어나 전체 프로젝트 구조를 설계하고 기존 코드와의 연결까지 고려하는 수준으로 발전했습니다. 예를 들어 어떤 파일에 어떤 기능을 나누어 배치해야 하는지, 기존 코드와 충돌 없이 동작하려면 어떤 방식으로 작성해야 하는지 판단할 수 있게 되었습니다. 더 나아가 코드가 예상대로 작동하는지 자동으로 확인하는 테스트 코드를 작성하고, 각 코드의 기능과 목적을 쉽게 이해할 수 있도록 설명을 붙이는 주석 작성까지 가능해졌습니다.

또한 멀티 모달 입력 기술이 더해지면서, 자연어뿐 아니라 이미지나 UI 설계 자료를 활용해 원하는 기능을 구현할 수 있게 되었습니다. 예를 들어 손으로 그린 화면이나 피그마Figma로 만든 설계 이미지를 업로드하면 AI가 그 구조와 기능을 분석해 구현에 필요한 코드를 자동으로 생성합니다. 덕분에 UI 구상 단계에서 바로 작동 가능한 프로토타입을 만드는 과정이 훨씬 간단해졌습니다.

이처럼 기술이 발전하면서 아이디어를 떠올리는 것에서 그치지 않고 직접 작동하는 프로토타입으로 빠르게 실험할 수 있는 환경이 마련되었습니다. 다음으로 바이브 코딩의 흐름과 성능을 체감할 수 있는 간단한 예시를 살펴보겠습니다.

바이브 코딩 맛보기

자연어와 이미지만으로 코드를 생성하는 여러 도구 가운데, 저는 커서 AI Cursor AI를 활용하고 있습니다. 커서 AI는 생성형 AI를 결합한 통합 개발 환경입니다. 요구사항을 담은 문장을 입력하면 필요한 동작·디자인·데이터 연결 등이 반영된 코드를 작성해줍니다. 기존 프로젝트가 있다면 알맞은 위치에 새로 생성한 코드를 연결해주고, 변수 이름 정리·버그 수정· 코드 다듬기 같은 세밀한 작업도 실시간으로 제안해줍니다.

- **커서 AI :** https://cursor.com

다음과 같은 요구사항을 입력한 뒤 5분도 채 되지 않아 커서 AI가 자동으로 완성한 결과물을 보여드리겠습니다.

✦ 프롬프트

회원 가입 화면을 만들어줘. 회원 정보입력은 보통 많이 하는 거 넣고 디자인은 알아서 세련되게 해줘.

✦ 출력

(필요한 파일을 생성하고 프로젝트를 설정하는 과정 생략) 회원 가입 화면을 생성했습니다.

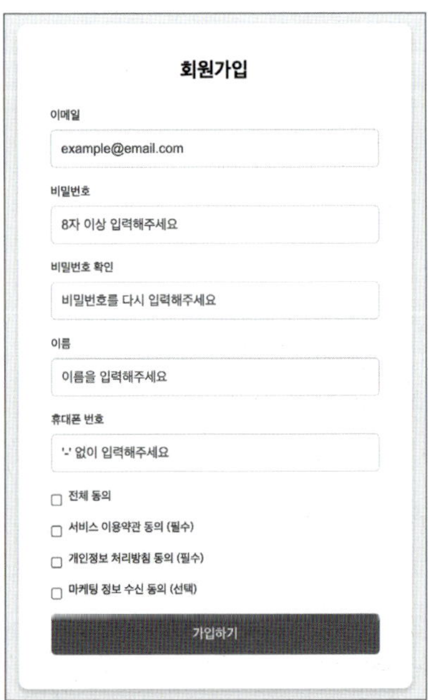

이 상태는 화면만 그린 상태이지만 실제 입력 정보가 저장되게 할 수도 있습니다. 다음과 같이 요청하면 되죠.

✦ 프롬프트

정보입력하면 저장도 되게 해줘

✦ 출력

실제로 회원 정보를 저장하고 싶으시다면 다음과 같은 것들이 추가로 필요합니다: 1. 백엔드 서버 (Node.js, Python 등) 2. 데이터베이스 (MySQL, MongoDB 등) 3. API 엔드포인트 구현 4. 보안 설정 (비밀번호 암호화 등) 이런 기능을 추가로 구현해드릴까요?

모르는 용어가 나왔을 때 다음과 같이 요구하면 일상 소재로 비유해서 이해하기 쉽게 다시 알려줍니다.

✦ 프롬프트

비개발자가 이해하기 쉽게 설명해줘

✦ 출력

아, 네! 쉽게 설명합니다. 지금 보시는 회원 가입 페이지는 마치 종이 신청서와 같습니다: 종이에 이름, 전화번호 등을 적을 수 있지만 그 종이를 아무도 수거해가지 않으면 정보가 실제로 어디에도 전달되지 않죠. 현재 페이지는 그런 상태입니다. 예쁜 양식만 있는 겁니다! 실제로 정보를 저장하려면 다음 세 가지가 필요합니다:

1. 서버(택배 회사 직원이라고 생각하면 됩니다)

- 회원 가입 양식을 받아서 처리하는 담당자입니다.
- '아, 새로운 회원이 왔네! 이 정보를 저장해야겠다'

2. 데이터베이스(서류 보관함이라고 생각하면 됩니다)

- 회원 정보를 안전하게 보관하는 곳입니다.
- 나중에 로그인할 때 '이 사람이 우리 회원이 맞나?' 확인할 때 사용합니다.

3. 보안 시스템(금고라고 생각하면 됩니다)

- 비밀번호를 아무나 못 보게 암호화해서 저장합니다. 해커들이 정보를 못 가져가게 보호합니다.
- 지금은 예쁜 양식만 있는 상태라서, '가입하기' 버튼을 눌러도 그 정보를 가져가서 저장할 담당자(서버)가 없는 겁니다! 실제 서비스처럼 만들려면 이런 것들을 다 추가해야 합니다.

필요하시다면 이런 기능을 추가로 만들어드릴 수 있습니다.

예시를 통해 바이브 코딩의 가능성을 살짝 들여다보았습니다.

나만의 바이브가 담긴 아이디어를 바이브 코딩으로 구현하고 싶은 욕구가 꿈틀거리지 않나요? 다음 장에서는 업무에 바이브 코딩을 활용한 실제 사례를 소개하겠습니다.

검색어 이상치 탐지 프로그램 만들기

검색 운영 업무에서는 검색어의 지표를 면밀히 살피는 일이 중요합니다. 특히 클릭률CTR이나 전환율CVR 같은 지표가 갑자기 크게 변한 경우, 어떤 이슈나 기회가 발생한 건지 빠르게 파악해 대응해야 합니다.

하지만 검색어는 수천, 수만 개에 달하고 데이터는 시시각각 변하기 때문에 사람의 눈으로 모든 변화를 일일이 확인하기에는 현실적인 한계가 있습니다. 그래서 커서 AI를 활용해 '검색어 이상치 탐지 프로그램'을 만들어봤습니다.

이 프로그램은 주요 지표의 시계열 데이터를 분석해 평소와 다른 변화가 감지되는 검색어만 선별해서 보여줍니다. 덕분에 급상승한 검색어가 잘 노출되고 있는지 점검하고, 급하락한 검색어의 검색 결과에 문제가 있는 건 아닌지 빠르게 확인할 수 있습니다. 실제로 어떤 방식으로 작동하는지 단계별로 살펴보겠습니다.

- 1단계 : **분석할 키워드를 필터링합니다**

  분석 목적에 맞게 전체 데이터 시작일과 종료일, QC 분석 시작일과 종료일을 각각 설정합니다. QC 분석 기간 설정은 검색 빈도 구간 분류를 위한 목적입니다.

- **2단계 : 키워드를 검색 빈도로 분류하고 샘플링합니다**

  얼마나 자주 검색되는지를 기준으로 숏헤드, 미드바디, 롱테일로 검색어를 분류합니다. 각 그룹에서 키워드를 랜덤으로 뽑아 분석 대상으로 키워드를 선정합니다.

- **3단계 : 키워드별 상세 데이터를 가져옵니다**

  선택된 키워드의 클릭률(CTR), 전환율(CVR), 노출 횟수(impression_count) 같은 지표를 빅쿼리* 데이터 저장소에서 자동으로 추출해 분석을 준비합니다.

- **4단계 : 이상 징후를 찾아냅니다**

  시계열 데이터 분석을 통해 주요 지표에서 급격한 변화를 자동으로 감지하고 이상치를 찾아냅니다. 분석에는 머신러닝 엔지니어가 추천한 PyOD Python Outlier Detection v2 라이브러리를 사용했습니다.

- **5단계 : 결과를 보기 쉬운 그래프로 만듭니다**

  찾아낸 이상치는 직관적으로 이해하기 쉽게 시계열 그래프로 시각화합니다. 덕분에 어디에서, 언제부터 이상 현상이 발생했는지 쉽게 알 수 있습니다.

- **6단계 : 파일로 결과를 저장합니다**

  분석한 데이터는 CSV 파일로 내려받을 수 있습니다. 보고서를 만들거나 분석 내용을 공유할 때 활용할 수 있습니다.

다음은 앞서 언급한 기능을 바이브 코딩으로 직접 구현한 이상치 탐지 프로그램 화면입니다. 각 화면 구성이 어떤 역할을 하는지 순서대로 설명드리겠습니다.

* BigQuery : 구글 클라우드가 제공하는 완전 관리형 서버리스 데이터 웨어하우스로, 대용량 데이터를 빠르게 분석할 수 있는 플랫폼입니다.

❶ **날짜 설정 영역**에서는 분석에 사용할 전체 데이터 기간을 선택할 수 있습니다. 이때 설정한 기간의 데이터를 모두 불러온 다음, 이상치를 집중적으로 감지할 QC 분석 구간은 따로 설정할 수 있습니다. 예를 들어 세 달치 검색어 데이터를 대상으로 하되, 특정 시즌이나 캠페인이 진행된 일주일만 집중 분석하는 식입니다.

그다음은 ❷ **데이터 필터링 설정**입니다. 여기서는 검색량이 너무 적은 키워드를 걸러내 분석의 정확도를 높일 수 있습니다. 또한 이상치를 감지할 기준도 함께 설정할 수 있습니다. 이 기준은 통계적으로 '보통과 얼마나 다른가'를 판단하는 값입니다. 예를 들어 기준값을 2로 설정하면 평균에서 2 표준편차 이상 벗어난 지표만 이상치로 간주합니다. 이 숫자를 낮추면 더 미세한 변화까지 감지할 수 있고, 높이면 아주 큰 변화만 잡아낼 수 있습니다. 분석 목적에 따라 감지 민감도를 유연하게 조절할 수 있습니다.

마지막으로 ❸ **구간 분류 설정**입니다. 검색량에 따라 키워드를 세 그룹으로 나눠 다양한 유형의 키워드가 고르게 포함되도록 샘플링할 수 있습니다. 자주 검색되는 키워드는 '숏헤드', 중간 정도는 '미드바디', 드물게 검색되는 키워드는 '롱테일'로 분류됩니다. 각 구간에서 샘플을 얼마나 뽑을지, 비율은 어떻게 나눌지 직접 설정할 수 있고 자동으로 나눌 수도 있습니다.

모든 조건을 설정한 뒤 '분석 실행' 버튼을 누르면, 프로그램이 데이터를 불러와 이상치를 자동으로 분석합니다. 평소와 비교해 지표 변화가 특히 큰 검색어만 선별해서 보여주기 때문에 어떤 검색어에서 어떤 변화가 있었는지 빠르게 파악할 수 있습니다.

프로그램의 구성과 흐름을 처음 보면 생각보다 복잡해보일 수 있습니다. 그런데 바이브 코딩의 핵심이 바로 여기에 있습니다. 겉보기에 복잡해보이는 작업도 AI에게 자연어로 요청하면 손쉽게 구현할 수 있습니다.

실제로 '숏, 미드, 롱테일 QC 샘플링 기능 넣어줘', '구간별 샘플 최대 크기 추가해줘', '시즌 기간만 따로 분석할 수 있게 만들어줘'처럼 필요한 기능을 떠오르는 대로 자연어로 입력하면 AI가 의미를 이해하고 필요한 코드를 작성해줬습니다. 이상치 탐지 분석 모델 적용도 문장 한 줄이면 충분했습니다. '이상치 탐지에 쓸 라이브러리는(라이브러리 깃허브 링크) 이걸로 해줘'라고 입력하자, AI가 해당 라이브러리를 자동으로 설치하고 코드에 적용해줬습니다. '바이브 코딩'이라는 이름이 왜 붙었는지 실감할 수 있었죠.

이렇게 전체적인 흐름을 구상하고 기능을 하나씩 쌓아가는 과정은 마치 AI와 협업하듯 진행됐습니다. 필요한 기능이 떠오르면 자연어로 설명만 하면 되고, 구현은 커서 AI가 도맡아 주었기 때문입니다. 중간중간 '이건 이렇게 해볼까요?', '기존 흐름에 맞게 여기에 코드를 추가할까요?'하고 되묻거나 제안하기 때문에 마치 코딩 전문 조수를 곁에 둔 것 같은 느낌이었습니다. 색상이나 레이아웃 등 시각적 요소가 마음에 들 때까지 몇 번이고 추가 요청을 보낼 수 있다는 점도 바이브 코딩의 큰 장점입니다. '파스텔톤으로 바꿔줘', '카드 정렬을 가운데로 맞춰줘'처럼 계속 수정 지시를 내려서 원하는 모습이 나올 때까지 반복해서 다듬을 수 있습니다.

지금까지 바이브 코딩으로 이상치 탐지 프로그램을 만든 사례를 살펴봤습니다. 이번에는 바이브 코딩으로 인터랙션 프로토타입을 만들어 팀원과의 의사소통 효율을 높인 사례를 소개하겠습니다.

인터랙션 프로토타입으로 요구사항 전하기

지도 검색 운영 업무를 하다보니 서로 다른 모델의 검색 결과를 한 화면에서 한눈에 비교할 수 있는 데모가 필요했습니다. 기존에도 데모 페이지가 있긴 했지만 두 모델의 결과를 동시에 비교하기 어려웠고, 지도뷰와 실제 서비스 화면이 일치하지 않았습니다. 또한, 검색어 의도 분석 정보나 업체 정보의 가독성도 높일 필요가 있었습니다.

이러한 필요성을 바탕으로 서로 다른 모델의 검색 결과를 한 화면에 나란히 비교할 수 있는 데모 화면의 프로토타입을 구상했습니다. 보통 개발 요구사항을 준비하고 전달하는 단계에서 개발자가 요구사항을 명확히 이해할 수 있도록 텍스트 중심의 문서를 상세히 작성하고, 이해를 돕기 위해 정적인 화면을 그려넣기도 합니다. 문서가 준비되면 서로의 이해도를 맞추기 위한 싱크 회의를 진행합니다. 이러한 방식은 요구사항 문서 준비에 상당 시간을 필요로 하고, 문서를 읽고 팀원 간 이해를 확인하고 조율하는 데 높은 커뮤니케이션 비용이 듭니다. 분명히 회의를 통해 싱크를 맞췄다고 생각했는데, 막상 화면에 구현된 결과물을 보면 서로가 생각했던 모습과 다른 경우도 있습니다.

그래서 이번에는 개발자가 직접 눈으로 보고 직관적으로 이해할 수 있는 인터랙션 프로토타입으로 요구사항을 전달해보기로 했습니다. 뼈대만 스케치한 뒤 바로 바이브 코딩으로 구현하면서 필요한 기능과 화면 요소를 하나씩 덧칠했습니다. AI에게 '검색 결과를 나란히 보여줄 수 있게 화면을 반으로 나눠줘', '지도는 위쪽에 넣고 업체 정보는 아래로', '토글을 열면 랭킹 정보가 보이게 해줘'와 같이 자연스러운 언어로 요구사항을 입력하며 완성했습니다.

직접 구현한 데모 화면은 다음 이미지와 같습니다. 검색어, 지역 코드, 주소, 위도, 경도 정보를 입력하고 검색 버튼을 누르면, 화면 왼쪽과 오른쪽에 각각 서로 다른 검색 모델의 결과가 나란히 표시됩니다. 가장 위에는 업체 위치를 보여주는 지도뷰가 들어가고, 다음으로는 검색어 의도 분석 정보를 보여줍니다. 마지막으로 업체 정보가 나열된 리스트뷰를 보여줍니다. 의도 분석 정보와 업체 정보 영역은 내부 정보가 포함돼 있어 이미지에선 가려두었습니다.

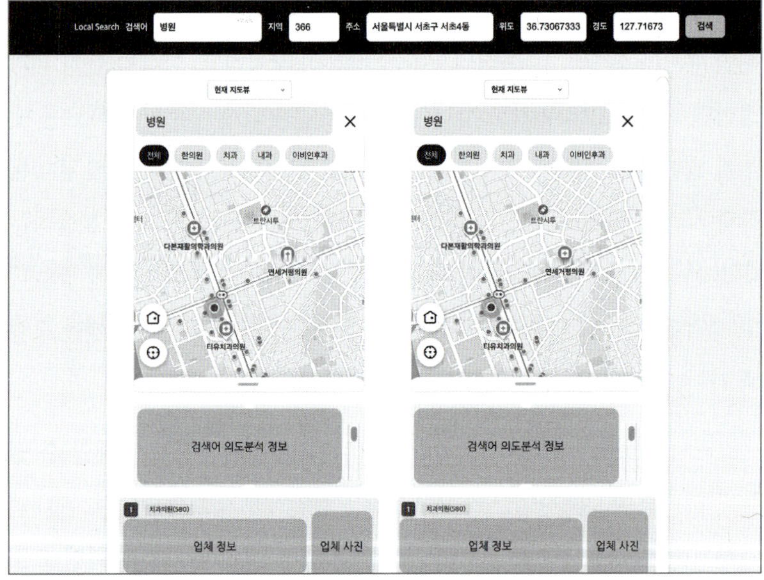

바이브 코딩으로 만든 프로토타입으로 요구사항을 전달하니 이전보다 빠르고 정확하게 개발자와 커뮤니케이션할 수 있었습니다. 스크롤이나 토글 같은 인터랙션까지 구현해 머릿속에 그리는 화면과 흐름을 그대로 공유할 수 있었습니다. 덕분에 이해의 차이로 생기는 혼선을 줄이고, 화면을 보며 구체적인 피드백을 주고받아 싱크 회의 시간도 단축할 수 있었습니다. 프로토타입을 바탕으로 프론트엔드 개발자가 기능을 확장해 사내 어드민에 반영했습니다. 이 데모는 모델 성능 비교뿐만 아니라 지도 검색 관련 고객 문의시 검색 재현에도 유용하게 활용하고 있습니다.

지금까지 커서 AI를 활용한 바이브 코딩으로 '검색어 이상치 탐지 프로그램'과 '지도 검색 데모 프로토타입'을 만든 사례를 살펴봤습니다. 무엇을 그리고 싶은지 자연어로 명확하게 설명하면, AI가 동작 가능한 형태로 빠르게 구현해줘서 팀원들과 그 구현물을 보며 효율적으로 논의하고 발전시킬 수 있었습니다. 덕분에 분석·개발·운영 사이의 간극을 줄이고 협업 속도를 크게 높일 수 있었습니다. 이렇게 유용한 협업 도구가 되어주는 바이브 코딩을 경험하며 느낀 점은, 프롬프트가 사실상 '설계도'라는 것입니다. 어떻게 설계하는지에 따라 멀고 험한 길로 돌아갈 수도 있고, 빠른 지름길을 찾을 수도 있습니다. 이 책의 **부록 A**에 지름길을 찾기 위해 시도하며 얻은 프롬프트 실전 팁을 소개합니다. 도움이 되길 빕니다.

마치며 : 개발이라는 장벽을 넘어서

처음 바이브 코딩을 접했을 때는 단순히 코드를 대신 써주는 도구 정도로 여겼습니다. 하지만 검색어 이상치 탐지 프로그램을 만들어 운영 효율을 높이고, 인터랙션 프로토타입을 구현해 팀원과의 소통 효율을 높인 경험은 생각보다 더 큰 변화를 가져왔습니다. '이런 기능이 있으면 좋겠다'는 막연한 바람이 '일단 만들어볼까?'라는 구체적인 시도로 바뀌면서, 일의 접근 방식과 흐름이 자연스럽게 달라졌습니다.

당근은 더 나은 사용자 경험을 위해 누구든 자신의 자리에서 실험하고 제안할 수 있는 문화를 지향합니다. 개발자가 아니더라도 필요한 도구를 직접 만들어보거나, 팀 협업에 도움이 되는 방식을 자유롭게 제안할 수 있습니다. 또한, 도움을 요청하면 누구든 기꺼이 손을 내밀어 든든한 마음으로 새로운 방식을 시도할 수 있습니다. 저 역시 머신러닝 엔지니어 디노를 비롯해 여러 개발자 분들께 도움과 인사이트를 받아 바이브 코딩이라는 새로운 방식을 부담 없이 업무에 적용할 수 있었습니다.

예전이라면 머릿속에서만 맴돌다 놓치던 아이디어들이 이제는 직접 구현할 수 있는 가능성으로 바뀌었습니다. 그 변화의 시작은 복잡한 기획서도, 완벽한 기술 지식도 아닌, 바이브 코딩 프롬프트였습니다. 이 글을 읽고 있는 여러분도 언젠가 '이런 게 있으면 좋겠는데?'라는 생각이 들면, 그 순간을 그냥 넘기지 않길 바랍니다. 머릿속을 스친 그 아이디어가 프롬프트 한 줄로 눈앞에 펼쳐지기 시작할 것입니다.

✦ 02

당신과 함께 해서 행복했던 인형 올림

#LLM #거래후기 #중고거래 #프롬프트엔지니어링

Suzy 김수지 Product Manager

내가 아끼던 물건을 중고로 팔아본 적 있으신가요? 물건을 팔았는데, 그 물건이 내게 마지막 인사가 담긴 편지를 보내면 어떨까요? 얼마 전부터 당근에서는, 판매한 물건이 내게 이런 편지를 보내기 시작했습니다.

> 김당근님, 안녕하세요. 저는 김당근님의 추억 한 조각, 아끼시던 인형이에요. 늘 그 자리에서 묵묵히 당신의 공간을 지켰는데, 이제 새로운 보금자리로 떠나게 되었네요. 늘 새 것처럼 아껴주셔서 감사했습니다. 김당근님의 모든 앞날에 행복만 가득하길 바랄게요.

이 장에서는 어떻게 물품이 직접 편지를 보내게 되었는지, 그 과정에서 LLM은 어떻게 활용되었고, 어떤 결과로 이어졌는지 공유해보려고 합니다.

내가 판 물건이 편지를 써준다면?

AI로 우리는 무엇을 할 수 있을까요? 저희는 더 많은 이웃 간의 연결을 만들기 위해, 거래 경험을 개선하고 거래를 활성화할 수 있는 방법을 늘 고민합니다. 그러던 중, 최근 AI 성능과 비용이 엄청난 속도로 개선되면서 "우리도 이 AI 기술로 거래 경험을 개선해볼 수 있지 않을까?"하는 이야기를 나누게 되었습니다.

여러 아이디어가 쏟아졌는데, 그중에서 무언가를 '생성'해보는 것에서 출발하면 좋겠다고 생각했습니다. 정확도가 중요한 기능은 아무리 프롬프트를 다듬어도 LLM 특성상 한계가 있었고, 기존 데이터를 활용하는 기능은 준비할 게 너무 많아 빠르게 테스트해보기에는 부담스러웠기 때문입니다.

그래서 어떤 걸 생성해볼 수 있을지 고민하다가, 거래마다 이미지를 생성해 거래 후기를 늘리는 아이디어를 발전시켜보기로 했습니다. 거래 후기는 거래를 끝낸 후 기분 좋은 경험을 남겨주고, 더 많은 거래로 이어지는데 중요한 역할을 하니까요.

어떤 이미지가 좋을까 고민하다가, 일단 거래하는 모습을 AI에게 그려달라고 요청했습니다.

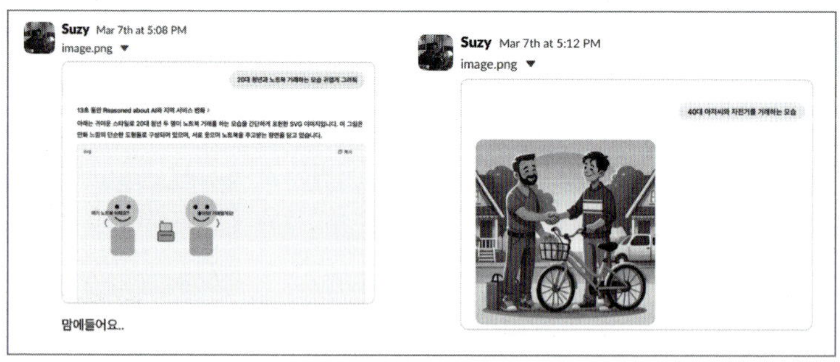

그렇게 나온 그림들을 동료들에게 보여주자 "어? 이거 재밌는데?", "물건을 의인화해서 그려주는 건 어때요?"라는 반응을 보였습니다.

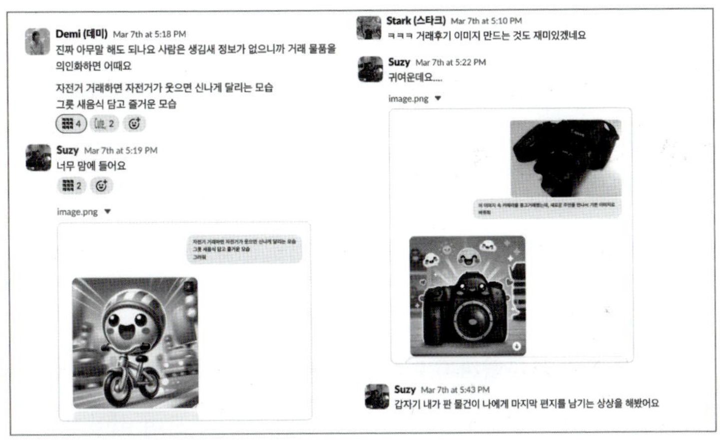

동료들과 이런저런 의견을 주고받다 보니 '내가 판 물건이 나에게 마지막으로 편지를 써주면 어떨까?'하는 상상으로 이어졌습니다. 재미있겠다 싶어서, 관심을 보인 동료들과 곧바로 만들어보기로 했습니다.

물건의 마음을 AI에게 물어보기

일단 AI에게 물어봤습니다. "이 카메라가 기존 주인에게 어떤 말을 하고 싶을까?" 그랬더니 이렇게 답했습니다. "오랜 시간 나를 아껴주고 소중히 사용해줘서 고마워요! 덕분에 멋진 순간들을 많이 담을 수 있었어요. 이제 새로운 주인을 만나서 또 다른 추억을 만들어 갈 거예요! 언제나 행복한 순간들이 함께 하길 바라요. 안녕~!"

기대했던 것보다 훨씬 감동적인 말을 하는 걸 보고, 조금 더 프롬프트를 다듬으면 물품에게서 기분 좋은 편지를 받을 수 있겠다는 생각이 들었습니다. 그래서 바로 프롬프트를 작성해보았습니다.

이때 물품과 연결되는 느낌을 줄 수 있도록 인사할 때는 사용자의 닉네임을 꼭 불러주게 했고, 물품이 단순한 사물이 아니라 이야기를 가진 존재처럼 스스로를 소개하도록 했습니다. 마지막에는 반드시 "함께 해서 행복했다"는 말을 넣어 여운이 남도록 하는 것도 중요하게 생각했습니다.

제가 프롬프트를 다듬는 동안, 다른 동료는 클로드와 커서 AI를 이용해 편지가 담길 화면의 목업까지 만들어왔습니다. 각자가 상상한 걸 따로 설명하며 생각을 맞출 필요도 없었습니다, 그냥 목업을 보며 이야기하면 됐으니까요. 그렇게 생각이 빠르게 맞춰지니, 이후 작업은 정말 일사천리로 진행됐습니다.

1차 시도, 혹시 후기를 써주실 수 있을까요?

저희의 첫 번째 가설은 다음 화면과 같이 "물품이 편지와 함께 거래 후기 작성을 부탁하면 거래 후기를 더 많이 작성할 것이다"였습니다.

대조군 : 기존 판매자 후기 작성 유도 알림

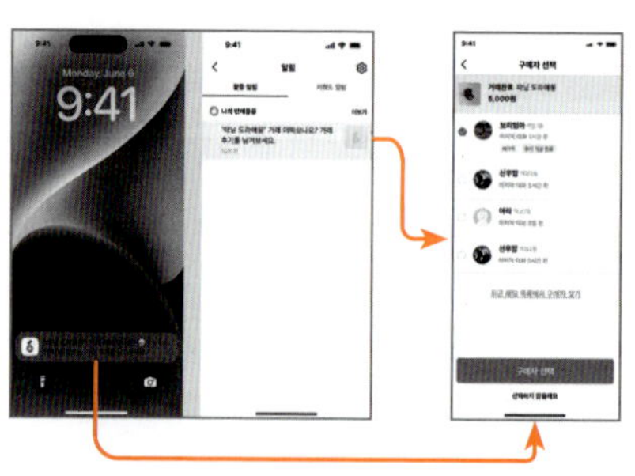

실험군 : 물품이 보낸 편지 알림

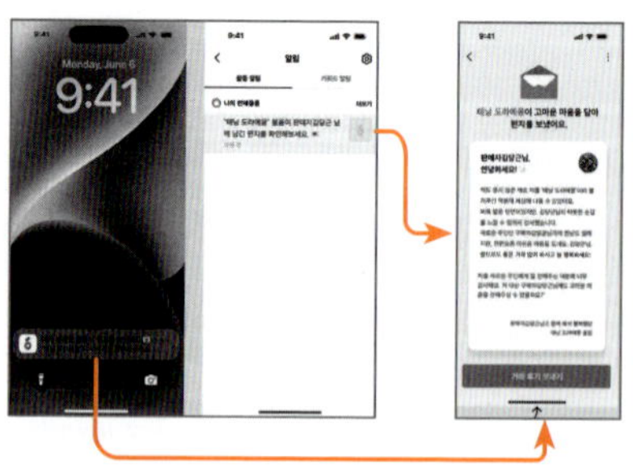

그래서 편지 마지막 부분에 자연스럽게 거래 후기를 써달라는 부탁을 넣기로 했습니다. "저 대신 새로운 주인에게도 고마운 마음을 전해주실 수 있을까요?"라고 말이죠.

그런데, 결과는 기대와 달랐습니다. 알림을 열어보는 사용자는 2배 이상 크게 늘어났지만, 거래 후기 작성율에는 차이가 없었거든요. 편지는 많이 열어보았지만, 물품의 부탁만으로는 거래 후기 작성까지 이어지지 않았던 겁니다. 그래도 알림을 열어보는 사용자가 크게 늘어났고, 편지가 주는 경험이 좋다는 확신이 있었던 터라 이대로 실험을 끝내기엔 너무 아쉬웠어요. 그래서 개선안을 고민해 한 번 더 실험해보기로 했습니다.

2차 시도, 후기를 쓰면 물품이 보낸 편지를 볼 수 있어요!

알림은 열어보지만 후기는 쓰지 않는 사용자들, 그 이유는 무엇일까요?

1 버튼을 보지 못했다.

2 거래 후기를 쓰는 과정이 귀찮았다.

3 후기를 써야 할 동기가 부족했다.

저희는 여러 이유 중에서도 후기를 써야 할 동기가 부족하다는 게 가장 큰 원인이라고 판단했습니다. 이미 버튼은 충분히 강조되어 있고, 거래 후기를 쓰는 과정도 간단했거든요.

그래서 이번에는, 반대로 후기를 써야만 물품이 쓴 편지를 볼 수 있게 바꿔보기로 했습니다. 호기심으로 동기를 부여해보자는 생각이었죠. 그래서 다음 화면과 같이 '거래 후기를 작성해야만 물품이 보낸 편지를 볼 수 있으면 거래 후기를 더 많이 작성할 것이다'라는 가설을 세우고 다시 한번 실험을 진행했습니다.

대조군 : 기존 판매자 후기 작성 유도 알림

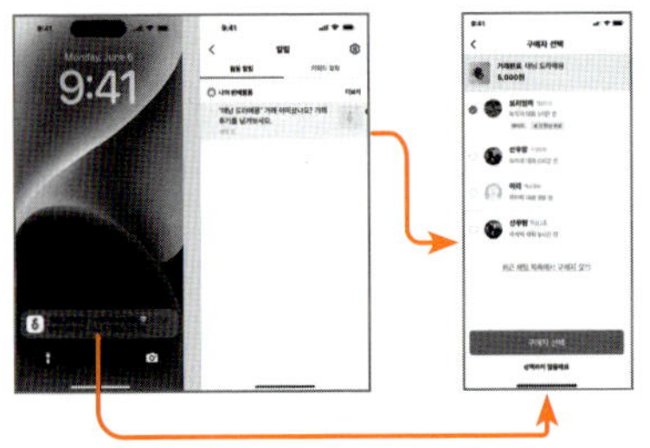

실험군 : 물품이 보낸 편지 알림

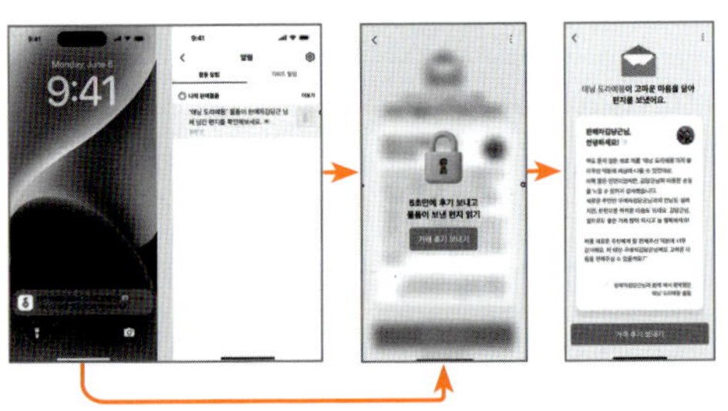

두구두구두구… 과연 이번 결과는 어땠을까요? 결과는 기대 이상이었습니다. 거래 후기를 작성한 사용자 비율이 기대 이상으로 증가했거든요. 알림을 열어보는 사용자도 첫 실험과 마찬가지로 2배 이상 늘어났고요.

마치며 : AI로 만든 편지가 알려준 것들

가벼운 아이디어로 시작했지만, 이번 실험을 통해 많은 것을 배울 수 있었습니다. 사용자에게 무언가를 부탁하거나 유도하는 것보다는 스스로 동기를 가질 수 있도록 하는 게 중요하다는 걸 배웠습니다. 보통 '동기'라고 하면 금전적 보상만을 떠올리기 쉽지만, 호기심도 충분히 강력한 동기가 될 수 있다는 것 또한 알 수 있었습니다.

또, SNS와 커뮤니티, 고객 문의 등을 통해 "10년 넘게 함께 했던 반려묘 물품이었어서 얼마 전 겨우 정리한 건데, 그런 물품이 후기를 보내니까 넘 뭉클했습니다", "이게 뭔가요? 물품이 편지를 썼다는 게 너무 웃겨요 ㅋㅋㅋ" , "귀여워 ㅠㅠ 가서 행복하게 잘 살아야 해" 같은 사용자들의 긍정적인 반응도 확인할 수 있었습니다.

편지가 거래 후기를 늘리는 동기가 될 뿐 아니라, 사용자들이 잠시나마 웃고, 감동받고, 기분 좋은 경험을 할 수 있게 해준다는 걸 알 수 있었죠. AI라고 하면 기술, 이성 같은 단어가 먼저 떠오르며 차가운 느낌이 들기 쉽지만, AI로도 이렇게 따뜻한 경험을 줄 수 있다는 사실을 확인할 수 있었습니다.

오늘도 당근에서는 누군가의 손을 거쳐 간 물건이 편지를 통해 마지막 인사를 건네고 있습니다. 앞으로도 당근은 AI를 활용해 거래 경험을 더 기분 좋고 특별하게 만들 방법을 계속 고민해나갈 겁니다. 거래를 넘어 사람과 사람, 사람과 물품 사이의 연결이 더 오래 남는 기억이 되도록 말이죠!

✦ 03
PM이 이끄는 AI 글쓰기 서비스 개발기

#AI글쓰기 #LLM #프롬프트엔지니어링 #중고거래꿀팁 ##판매자동화 #PM

팔아야 할 물건은 쌓여가는데, 막상 판매 글을 쓰려니 막막했던 경험, 다들 한 번쯤 있지 않으신가요? '제목은 뭘로 하지?', '언제 얼마에 샀더라?', '이 모델명이 맞나?' 같은 사소한 질문들 앞에서 '설명은 어떻게 써야 잘 팔릴까?'하는 고민에 결국 '나중에 하자'며 미루게 되는 일. 만약 이 모든 번거로움을 AI가 대신해준다면 어떨까요? 이 글은 바로 그 상상을 현실로 만든, 당근의 'AI 글쓰기 서비스' 개발 여정기입니다.

어떻게 하면 사용자가 '더 쉽고, 더 잘 팔게' 만들 수 있을지 치열하게 고민했던 과정을 담았습니다. LLM이라는 강력한 기술을 무기 삼아 중고거래의 가장 큰 허들을 넘는 시도를 한 PM의 생생한 경험과, 그 과정에서 얻은 인사이트를 여러분과 함께 나누고자 합니다.

판매자는 글쓰기가 너무 귀찮다

중고거래팀은 사용자들이 중고 물품을 쉽고 빠르게 판매하는 것을 목표로 합니다. 당근은 사용자들이 물건을 판매하면서 겪는 복잡하고 번거로운 허들을 기술과 서비스로 해결해서, 누구나 쉽게 물건을 올리고 잘 팔 수 있도록 돕고 있습니다.

판매자들이 물건을 올릴 때 맞닥뜨리는 첫 번째 허들은 바로 게시글 작성입니다. 막상 판매 글을 쓰려고 하면 고민이 많아지기 마련입니다. 제목은 어떻게 지어야 눈에 잘 띌까, 본문엔 무슨 정보를 넣어야 구매자에게 도움이 될까, 가격은 얼마가 적당하지? 구매한 지 시간이 좀 지난 물건은 제품 크기나 특징 같은 정보를 다시 찾아봐야 하는데, 어디서 어떻게 찾아야 할지 막막하죠. 이 과정이 생각보다 번거롭고 어렵다 보니, 결국 글쓰기를 시작하지 못하고 중간에 포기하는 경우도 많아요.

제품 전략 관점에서도 게시글 작성은 매우 중요한 문제입니다. 사용자가 물건을 쉽게 팔 수 있도록 하려면 무엇보다 게시글 작성 과정이 간편하고 빠르게 이루어져야 하거든요. 게시글 수가 늘어나야 전체 서비스 볼륨이 증가하고, 판매 퍼널*의 가장 앞단부터 활발하게 움직일 수 있기 때문입니다.

* funnel : 서비스의 단계별 사용자 여정을 의미합니다.

LLM 시대가 만든 새로운 가능성

그동안 판매에 도움이 되는 게시글 작성을 유도하기 위해 사용자에게 다음 예시처럼 부가 정보 입력란을 제시하는 방식으로 글쓰기를 가이드 했습니다. 제품의 종류나 크기처럼 구매자들이 궁금해할 만한 정보를 미리 알려주는 거죠. 하지만 이 방법 역시 근본적인 해결책은 아니었습니다. 여전히 사용자들이 직접 정보를 찾아서 입력해야 하는 번거로움이 있었고, 물품 종류마다 필요한 정보가 워낙 다양하다 보니 모든 케이스에 대응하는 데 한계가 있었습니다.

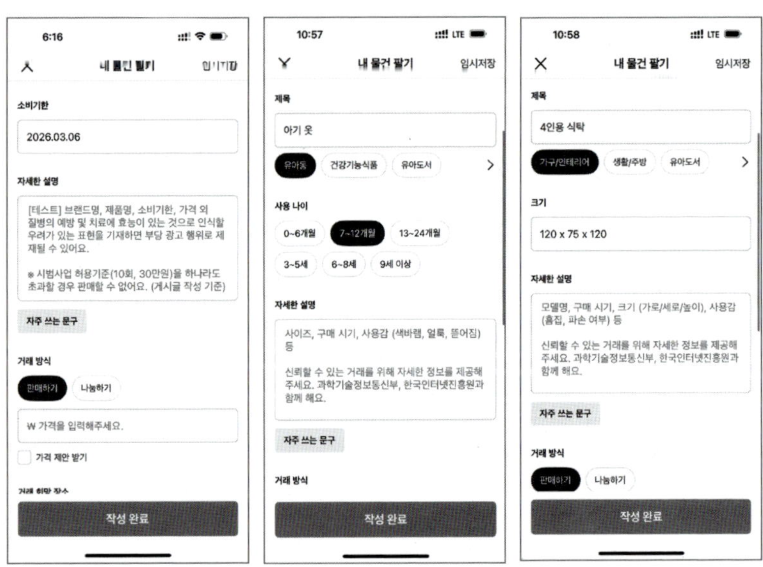

그러던 중, 최근 몇 년 사이 등장한 LLM이라는 새로운 AI 기술 덕분에 상황이 완전히 달라졌습니다. LLM은 사람처럼 생각하고 자연스러운 글

을 쓸 수 있는 AI입니다. 이제는 AI가 사진만 보고도 물품의 브랜드, 크기, 상태 같은 고유한 정보를 파악할 수 있고, 알아낸 정보를 바탕으로 자연스러운 게시글까지 대신 써줄 수 있는 시대가 되었습니다. 기존에는 UI로 사용자 액션을 유도하여 정보를 입력하게 했다면, 이제는 사용자가 별도로 입력하지 않아도 AI가 글 초안을 작성하여 사용자를 가이드하는 방식으로 문제 해결 방식을 완전히 바꿀 수 있게 되었습니다.

이렇게 새로운 가능성이 생기자, 빠르게 실제 서비스로 연결될 수 있을지 확인하기 위해 움직였습니다. 중고거래팀은 먼저 북미 시장에서 초기 테스트를 통해 AI 글쓰기 서비스의 가능성을 확인했습니다. 사용자의 반응이 긍정적이었고, 글쓰기 완료율과 사용자 만족도 측면에서도 의미 있는 변화를 보여줬습니다.

한국 당근 중고거래는 성숙한 시장이기 때문에, 판매에 유리한 더 구체적이고 세부적인 정보를 포함한 글쓰기가 필요하다고 판단했습니다. "AI가 한국 사용자들에게도 충분히 구체적이고 유용하게 글을 써줄 수 있을까?"라는 질문을 빠르게 확인하고 싶었죠.

사진만으로 기대에 맞는 글을 작성하는 수준을 기대할 수 있을지 여러 LLM 서비스를 대상으로 빠르게 테스트하여 팀에 공유했습니다. 그 결과 사진만으로 국내 사용자들이 만족할 수 있는 수준의 AI 글쓰기가 가능할 것이라 판단했고, 프로젝트를 본격적으로 시작했습니다.

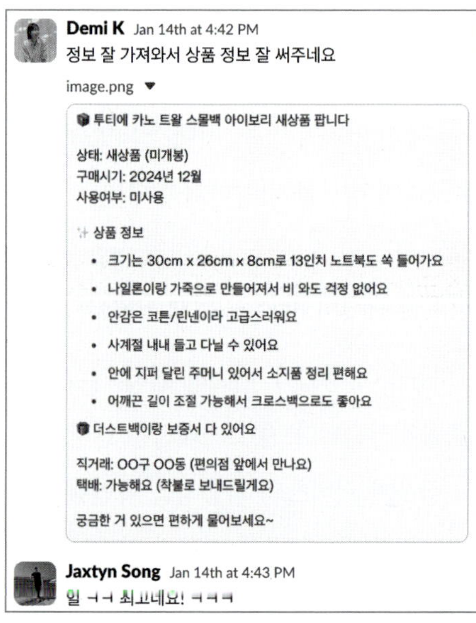

AI로 만든 '더 잘 팔리는 글쓰기' 경험

이렇게 LLM을 활용한 AI 글쓰기 서비스가 실제로 중고거래 사용자들에게 어떤 변화를 만들었을까요? 저희는 AI가 작성하는 게시글이 정말 사용자의 번거로움을 줄이고 판매를 더 쉽게 만들어주는지 확인하기 위해, 실제 사용자 대상으로 빠르게 실험을 진행했습니다. 실험 결과, 글쓰기 완료율과 작성한 게시글이 받는 관심수와 채팅수도 증가했습니다. 한 번에 글쓰기를 완성하는 비율이 높아지면서, 글쓰기 허들을 낮출 뿐 아니라 AI가 거래에 유리한 글 작성을 가이드하여, 판매에 실질적으로 도움이 된다는 점을 증명했습니다.

• AI 글쓰기를 전체 배포 후 글쓰기 완료율 곡선 •

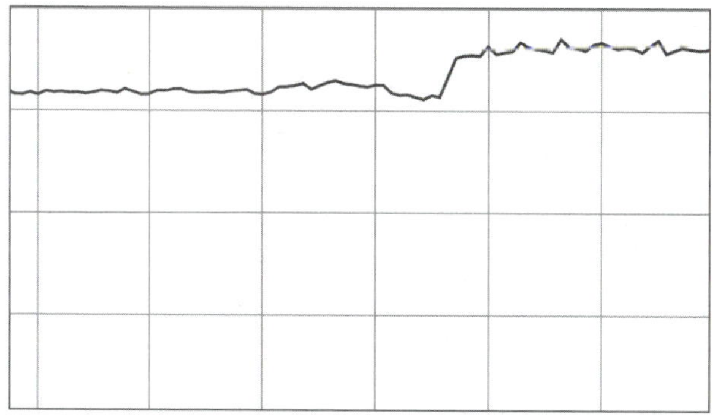

"조금 수정은 했지만 매우 도움이 되고 편하네요", "어떻게 써야 되는지 몰랐는데 간단하니 잘 정리해주었어요", "상품에 대한 디테일을 스스로 작성해줘서 편했어요", "나보다 잘 쓴다." 대부분 사용자들이 AI 글쓰기 기능에 만족을 표했고, 특히 자동으로 글의 초안을 잡아주고, 제품 스펙을 알아서 써주는 점을 만족스러워 했습니다.

지금까지 중고거래 글쓰기의 문제와 이를 AI로 해결하게 된 배경과 성과를 살펴봤습니다. 이제부터 PM으로서 이 프로젝트를 어떻게 진행했는지, 구체적인 MVP 설정 방법과 프롬프팅 전략, 빠른 실험과 반복을 통해 어떻게 서비스를 발전시켜 나갔는지 구체적으로 이야기하겠습니다.

문제에서 솔루션까지, LLM으로 방향 잡기

사진만으로 판매 글을 대신 써주는 서비스라는 큰 목표를 잡았다면, 다음 단계에서는 AI가 실제로 어떤 글을 써줄 수 있을지 구체화해야 합니다. 중고거래 글은 사용자마다 강조하는 요소나 글쓰기 방식이 모두 다르기 때문에, 막연히 'AI가 대신 써주자' 정도의 대략적인 목표만으로는 실제 기능 개발까지 넘어가기 어렵습니다.

그래서 저는 LLM을 활용해 글쓰기의 핵심 요소를 분류하고 통계를 내서 문제의 구조를 명확히 파악했습니다. 이 과정을 통해 AI가 어떤 요소를 우선적으로 작성해줘야 하는지 우선순위를 정하고, 글쓰기의 방향과 목표를 더 구체적으로 설정할 수 있었습니다. 지금부터 과정과 방법론을 소개하겠습니다.

MVP를 명확히 정의하고 목표 세우기

서비스를 빠르게 검증하려면 명확한 MVPMinimum Viable Product를 설정하는 게 정말 중요합니다. MVP는 제품의 가장 핵심 가치를 사용자에게 빠르게 전달하고, 시장의 반응을 바로 확인할 수 있게 해주기 때문입니다. 당근 역시 처음부터 완벽한 제품을 만들려고 긴 시간을 들이기보다는, 조금 부족하더라도 핵심적인 문제 해결을 검증할 수 있는 기능으로 우선 출시하고, 사용자 피드백을 받아 빠르게 제품을 발전시키는 방식으로 일하고 있습니다.

특히 LLM 기반 AI 서비스는 결과물이 항상 동일하지 않다는 특성이 있습니다. 같은 요청이라도 매번 답변이 다를 수 있습니다. 또한 사람마다 기대하는 글쓰기 수준이나 스타일이 다르기도 합니다. AI가 생성하는 결과물에 대한 판단은 1과 0으로 딱 나뉘지 않기 때문에, 팀 전체가 '어떤 글을 써줄 것인가'에 대해 명확히 이해하고 기대치를 맞추는 과정이 꼭 필요합니다. 이 작업을 미리 해두지 않으면 개발이 어느 정도 진행된 후에 팀원 간의 기대가 맞지 않아 불필요한 커뮤니케이션 비용이 늘어나고, 개발 속도까지 늦어질 수 있답니다.

그래서 저희는 MVP를 설정한 후, AI 글쓰기 서비스의 초기 목표(Version 1.0)를 명확히 잡았어요. 우선 첫 단계에서는 한 가지 물품만 판매하는 경우에 집중하기로 했습니다. AI가 사진을 통해 어떤 물품인지 잘 추론하고, 사용자가 작성하기 귀찮아하거나 어려워하는 상품의 주요 특징들을 대신 잘 써주는 것을 목표로 삼았어요. 반면 판매 이유나 구매처처럼 사용자 본인만이 알 수 있는 정보, 또는 거래 위치나 거래 방식처럼 사진만으로 알기 어려운 정보는 다음 단계의 고도화 스펙으로 따로 분류했습니다.

글쓰기 버전	버전 1.0(MVP)
작성 수준	사실 기반, 물품 특성과 스펙을 설명하는 판매 글 초안을 써준다.
작성 물품 종류 수	한 종류 물품 판매글을 써준다.
정보 수집 범위	• 사진에 보이는 특징을 설명 • 사진에 없어도 학습 데이터(판매 사이트)에서 정보를 찾아서 작성
말투	당근 사용자의 자연스러운 말투
로딩	LLM 추론 시간 동안 로딩 후 초안이 보여지는 구조

이렇게 명확히 구체화된 목표는 프롬프트의 구조가 되고, 동시에 LLM의 품질을 평가하는 기준으로 활용되기 때문에, 초반에 전략과 목표를 구체적으로 설정하고 합의하는 과정이 중요합니다.

LLM 분석을 활용하여 AI 글쓰기 로드맵 세우기

MVP 단계에서 AI가 어떤 글을 얼마나 잘 써줘야 할지 명확히 정하려면 실제 사용자의 글쓰기 패턴을 이해하고 우선순위를 결정하는 과정이 필요했습니다. 중고거래 게시글에서 사용자들이 자주 사용하는 핵심 속성이 무엇인지, 그중 AI가 효과적으로 대신 작성해줄 수 있는 속성이 어떤 것인지 빠르게 파악해야 했죠.

그런데 중고거래 게시글처럼 사용자가 자유롭게 작성한 비정형 데이터는 정해진 틀로 분석하기가 정말 까다로워요. 하지만 LLM이 등장하면서 이런 어려움을 해결할 수 있었습니다. LLM은 게시글의 의미와 맥락을 이해하고, 프롬프팅으로 정의한 '게시글 속성'을 빠르고 정확하게 분류할 수 있거든요.

다음은 실제 사용자 게시글을 LLM을 활용해 분석한 결과의 예시입니다. 게시글 속성별로 출현 빈도 및 각 속성의 특징까지 LLM으로 분석했습니다. 그 결과 사용자가 어떤 의도로 글을 작성하는지 더 명확하게 이해할 수 있게 되었습니다.

- **상세 스펙 :** 의류는 사이즈 중심의 설명, 전자기기는 용량이나 세부 스펙이 포함되는

경우가 많다.

- **중고 물품의 사용감 :** "새상품", "깨끗함" 등 새 것과 같은 물품 상태를 강조하는 형식으로 언급된다.
- **거래 방식 :** "직거래"가 대부분을 차지하며, "택배 거래"는 배송비 부담 여부를 명확히 설명하는 편이다.
- **판매 이유 :** "이사", "옷장 정리","급처" 등의 이유가 많이 언급된다.
- **거래 장소 :** "집 앞", "1층", "판매자 위치" 등 구체적이고 간편한 장소가 자주 언급된다.

이렇게 얻은 데이터를 바탕으로 속성의 출현 빈도와 사진만으로 확인할 수 있는 정보인가를 기준으로 AI 글쓰기의 목표와 우선순위를 정했습니다. 첫 번째 AI 글쓰기 목표는 물품명, 상세 스펙, 사용감, 구매 가격(사용자가 사진으로 정보를 전달한 경우)처럼 사진만으로 추론이 가능하고 객관적인 사실을 잘 설명하는 글을 작성하는 것이었습니다. 구매자에게 꼭 필요한 정보를 정확히 전달해줄 수 있게 하는 데 초점을 맞췄죠. 그 외 내부에 축적된 과거 게시글 데이터를 활용해서 더 풍부한 글쓰기를 구현하는 부분은 다음 단계의 고도화 스펙으로 분류했습니다.

중고거래 글쓰기처럼 케이스가 다양하고 복잡해서 문제를 한 번에 이해하기 어려울 때, LLM을 활용해 핵심 속성을 분류하고 우선순위를 파악하면 문제를 더 명확히 정의하고 해결 방향을 쉽게 찾을 수 있습니다. 이 방법을 활용하면 모호하고 두루뭉술한 문제를 더 구체적이고 효과적으로 풀어갈 수 있답니다.

핵심 UX를 만드는 프롬프팅

이전에는 AI 서비스를 만들 때 기술적인 문턱이 높아서 개발자가 아니면 직접 AI를 활용하기 어려웠습니다. 하지만 LLM 기술이 등장하면서 상황이 많이 달라졌습니다. 이제는 개발자나 엔지니어뿐만 아니라 누구나 쉽게 프롬프팅을 통해 AI 서비스를 만들고 활용할 수 있는 시대가 되었거든요.

하지만 누구나 프롬프팅을 할 수 있다는 건, 오히려 더 꼼꼼한 전략이 필요하다는 뜻이기도 합니다. 특히 사용자의 경험UX을 충분히 담아내는 프롬프팅을 해야, AI가 사용자에게 진짜 도움이 되는 결과물을 만들어줄 수 있습니다.

프롬프팅, 사용자를 이해하는 메이커의 영역

좋은 프롬프팅은 기술적인 부분을 뛰어넘어 제품과 사용자 경험을 깊게 이해하는 사람이 가장 잘 만들 수 있습니다. 제품의 문제와 해결책을 깊이 고민하고, 사용자의 니즈와 기대를 명확히 알고 있는 사람이야 말로 AI가 어떤 결과를 내야 하는지 가장 잘 알 수 있기 때문입니다. 이런 관점에서 PM은 프롬프팅을 효과적으로 만들 수 있는 직군 중 하나입니다.

특히 중고거래의 AI 글쓰기처럼 사용자 경험이 중요한 LLM 중심 서비스에서는 프롬프팅에 UX가 충분히 반영되어야 합니다. 당근 사용자들의 말투, 절대 사용하지 말아야 할 표현, 반드시 포함해야 할 정보, 글의 구조 등 쓸 만한 AI 글쓰기 경험을 위해 세세한 가이드가 프롬프팅에 녹아 있어야 합니다.

저는 중고거래 AI 글쓰기 서비스를 만들 때 로드맵을 짜는 단계에서부터 사용자의 실제 게시글과 글쓰기 패턴을 오랫동안 관찰하고 분석했습니다. 그렇기 때문에 AI가 어떤 정보를 중심으로 글을 써야 사용자가 만족할지 더 명확히 알 수 있었죠. 그래서 프롬프팅 역시 PM인 제가 직접 시도하고 설계하게 되었습니다.

AI 글쓰기 프롬프팅 실전 전략

이제부터 AI 글쓰기 프롬프팅을 설계하면서 사용한 구체적인 방법을 소개하겠습니다. MVP 단계에서 설정한 목표를 정확히 반영하기 위해, AI가 글쓰기를 논리적으로 수행할 수 있도록 프롬프팅 구조를 명확하게 설계했습니다.

AI가 작성할 글의 논리적 구조 설계하기

가장 먼저, AI에게 다음과 같이 명확한 작업 구조를 정의해주었습니다.

- 입력 : 사용자가 업로드한 물품 사진
- 출력 : 중고거래 게시글의 제목과 본문

게시글 제목과 본문에 반드시 포함되어야 할 정보도 구체적으로 설정했습니다.

- 포함 필수 정보 : 물품명, 제품의 주요 스펙(브랜드, 크기 등), 사용감, 구매 가격(사용자가 사진으로 제공한 경우) 등

AI가 작업을 자연스럽게 수행할 수 있도록 다음과 같이 크게 3단계 구조로 설계했습니다.

단계	작업 내용	예시
1단계	사진에서 핵심 정보 추출하기	물품명 : "나이키 에어포스1", 브랜드: "나이키", 크기: "240", 상태: "사용감 적음", 구성품: "여분 신발끈"
2단계	추출한 정보를 바탕으로 중고거래 게시글 작성하기	제목 : "나이키 에어포스1 240" 본문: "몇 번 신지 않아 상태가 깨끗합니다. 에어 쿠셔닝으로 착화감이 편합니다. 박스는 없지만 여분 신발끈 같이 드려요~"
3단계	에러 처리 및 결과물 포매팅	실패 시 사용자에게 재입력을 요청하거나, 안내하기 위한 분류

예시와 함께 프롬프팅하기

프롬프팅은 구글에서 제공하는 프롬프팅 가이드 문서를 참고하면서 작성했습니다. 서비스 프롬프트 엔지니어링은 처음이었지만, 몇 가지 기본 원칙을 따라 하다 보니 금세 이해할 수 있었습니다.

LLM이 잘 이해하는 형식으로 작성하고자 노력을 기울였습니다. 프롬프팅은 작성 형식에 따라 성능 차이가 크게 납니다. 구조화된 프롬프팅을 사용하면 모델의 이해도가 올라가고 성능도 좋아져요. 저는 주로 마크다

운Markdown 형식을 활용해서 다음과 같이 명확한 구조를 제공했습니다. 이렇게 프롬프팅 구조를 명확히 나누면 AI가 작업 흐름을 더 잘 따라갈 수 있습니다.

• 마크다운을 사용한 프롬프트 •

✦ 프롬프트

```
# Step 1: Analysis
## Step 1-1: Photo Analysis
Analyze images to extract detailed information about the used item.
Follow the guidelines strictly:
### Visual Analysis Priorities:
- 사진 분석 우선순위 1
- 우선순위 2
(중략)
```

프롬프팅에서 모델에게 제공하는 예시를 'few-shot'이라고 합니다. 좋은 예시를 함께 주면 AI가 프롬프팅의 의도를 훨씬 명확하게 이해하고 성능도 더 좋아집니다. 너무 많은 예시를 제공하면 불필요한 토큰이 낭비되기 때문에, 다양한 예시 중에서 대표적인 2~3개 정도를 골라 제시했습니다. 이렇게 실제 예시를 제시하면 AI가 더 정확히 원하는 스타일과 내용을 따라갈 수 있습니다.

• few-shot 예시 •

✦ 프롬프트

```
{
```

```
"Title": "맥북 에어 M2 스페이스 그레이 미개봉",
"Description": "미개봉 새상품입니다. 가벼워서 들고다니기 좋아요.
- Apple M2 칩
- 8GB 통합 메모리
- 34.5cm Liquid Retina 디스플레이
- Magsafe 3 충전 포트"
},
{
"Title": "맥북 에어 M2 팝니다",
"Description": "맥북 에어 M2 스페이스 그레이 256GB 입니다.
얇고 가벼워서 휴대가 편하고, 성능도 뛰어납니다.
8코어 CPU, GPU이고 맥세이프 충전 지원하며 배터리 사이클은 27회입니다.
박스 및 액세서리 모두 포함이에요!"
}
```

마지막으로 프롬프팅 고도화를 위한 디버깅 팁을 소개합니다. 처음 프롬프팅을 할 때, AI가 중간 단계에서 찾은 정보가 최종 결과물에 반영되지 않아서 어려움을 겪었습니다. AI가 어떤 정보를 추출했는지, 왜 그런 글을 썼는지 과정이 보이지 않았기 때문이죠. 그래서 프롬프팅에 중간 과정을 명확히 드러내고, 결과물에도 함께 출력하도록 했더니 어디에서 개선해야 하는지 쉽게 알 수 있었습니다.

예를 들어 당근마켓에 대한 짧은 소개글을 작성하는 프롬프팅을 할 때, 다음과 같은 방식으로 구성할 수 있습니다.

✦ **프롬프트**

1. 보도자료를 읽고 핵심 정보를 추출하는 과정을 설명하세요
2. 그 내용을 <당근2024년데이터>에 정리해서 저장하세요.
3. 그 데이터를 바탕으로 소개글을 작성하세요.

```
4. 결과물은 다음 형식으로 출력하세요: {<당근2024년데이터>, 소개글}
```

✦ 출력

```
{
"<당근2024년데이터>": "동네생활 게시판 소통: 3900만 건 (전년 대비
56%↑), '모임' 가입자 수: 3배 증가, 재참여율 62%, 중고거래 연결 수: 1
억 8300만 건, 나눔 1360만 건, 누적 소나무 심은 효과 4억 500만 그루, 숏
폼 영상 서비스 '당근 스토리': 업로드 수 60배, 시청 수 24배 증가, 누적
가입자 수 4000만 명 돌파, 매너온도 99도 달성 사용자 1만 5000명, 2024년
연말 개인별 리포트 캠페인 '올해의 이웃' 진행",
"소개글": "2024년, 당근은 중고거래를 넘어 일상의 연결과 따뜻한 나눔을
실현하는 지역 커뮤니티로서 한층 도약했습니다. 이웃과의 소통은 3900만
건, 중고거래는 1억 8300만 건을 돌파했으며, '모임' 서비스는 세 배 성장
하며 진짜 이웃 간 교류의 장으로 자리잡았습니다. 숏폼 영상으로 동네를 생
생하게 경험할 수 있는 '당근 스토리'도 뜨거운 반응을 얻었죠. 함께 나눈
기록 속에서 우리는 다시 한번, 당신 근처의 따뜻함을 느낄 수 있었습니다."
}
```

이렇게 하면 디버깅이 훨씬 쉬워질 뿐 아니라, 중간 단계에서 얻은 중요한 정보가 사라지지 않고 최종 결과물에도 잘 반영될 수 있습니다. 특히 여러 단계와 세부 작업을 거치는 긴 프롬프팅에서는, 각 단계를 명확히 나누고 모델이 잊지 말아야 할 핵심 정보를 명시적으로 저장하고 참조할 수 있게 하는 것이 아주 중요합니다. LLM의 결과가 의도대로 작동하지 않는다면, 이런 방법을 사용해보세요.

작게 시작하고, 빠르게 배우고, 사용자에게 집중하기

마지막으로, 이 글을 통해 AI 시대를 맞이한 PM이 어떻게 빠른 학습과 반복적인 실험을 통해 성장할 수 있는지 소개하였습니다. 이 과정에서 배운 점은 결국 우리가 잊지 말아야 할 가장 중요한 포인트는 '사용자 중심의 사고'라는 결론이었습니다.

MVP 중심의 빠른 반복을 강조하는 이유

AI 기반 서비스는 여전히 불확실성이 많습니다. 세운 가설이 맞는지, 기술이 정말 사용자 문제를 잘 해결할 수 있을지 명확히 알기 어렵죠. 특히 실시간 LLM 서비스를 개발할 때는 레이턴시Latency(응답 지연 속도)나 에러케이스 처리처럼 기존 제품에서는 상대적으로 우선순위가 낮았던 요소들이 굉장히 중요해졌습니다. 그래서 처음부터 완벽한 제품을 만들기보다는 핵심적인 문제를 최소한의 기능MVP으로 빠르게 만들어 실험하고, 사용자 피드백을 통해 배우는 과정이 필수적입니다.

당근의 AI 글쓰기 서비스도 처음부터 모든 기능을 완벽하게 만들지 않았습니다. 사진에서 핵심 정보를 추출하고 자동으로 초안을 작성하는 기능부터 시작해서, 빠르게 사용자 반응을 확인하고 레이턴시나 프롬프팅 같은 세부적인 문제를 빠르게 찾아 개선했습니다.

이런 빠른 반복 과정은 제품을 점점 더 사용자 중심으로 만들어줍니다. 처음부터 완벽을 추구하기보다는 작게 시작하고, 빠르게 배우고, 끊임없이 개선하는 것이 더 좋은 AI 서비스를 만드는 핵심입니다.

작은 팀이 빠른 반복하여 가설을 검증할 때 PM의 역할 변화

AI가 도입된 서비스는 기술적 문제뿐 아니라 UX나 프롬프팅 등 여러 영역이 긴밀하게 연결되어 있어서 직군의 경계가 점점 흐려지고 있습니다. 이제는 특정 직군이 자기 역할만 충실히 수행하기보다는, 문제를 먼저 발견한 사람이 직접 나서서 해결하고 빠르게 실험하는 방식이 중요해졌습니다.

이런 상황에서 PM의 역할도 많이 달라지고 있습니다. PM은 기존의 역할을 넘어서 가설을 세우고 빠르게 검증하는 과정에서 더 적극적인 역할을 맡아야 합니다. 제가 AI 글쓰기 서비스 프로젝트를 진행하면서 직접 프롬프트를 개발하고 실험을 주도했던 것도 이런 변화 때문이었습니다.

직접 실험하고 부딪히면서 얻는 경험은 정말 값진 자산입니다. 빠르게 가설을 세우고 검증하며 반복하는 과정에서 PM은 더 깊이 있는 제품 인사이트를 얻고, AI를 활용하는 감각도 키울 수 있습니다. 결국 이 경험들은 더 좋은 의사결정을 내릴 수 있는 기반이 되었습니다.

마치며 : 결국 핵심은 사용자 문제 해결입니다

AI가 아무리 뛰어난 기술이라도 결국 가장 중요한 건 '사용자의 문제를 해결하는 것'입니다. 당근의 AI 글쓰기 서비스도 사용자가 글쓰기에 느끼는 어려움과 번거로움을 해소하는 데서 출발했습니다. 문제를 해결한 덕분에, 사용자들이 더 편하게 중고거래 글을 올리고, 판매도 더 잘 이뤄지는 성과를 얻을 수 있게 되었습니다.

이 과정에서 중고거래 글쓰기는 완전히 새로운 모습으로 바뀌었습니다. 기존에는 판매를 위해 사진을 찍고, 오래된 물건의 특징을 일일이 찾아 적으며 어떻게 써야 할지 고민해야 했지만, 이제는 사진만 있으면 바로 판매를 시작할 수 있는 시대가 되었습니다. 번거로운 글쓰기가 훨씬 간편해진 거죠. 실패한 소비를 그냥 버리는 건 간단하지만 중고거래로 판매하려면 그만큼 수고가 따라갑니다. 이 거래 수고로움을 줄여서 더 많은 사용자가 중고거래를 쉽고 가볍게 시작할 수 있도록 돕고 싶습니다.

AI 글쓰기 서비스는 지금도 빠른 주기로 반복하며 개선을 거듭하고 있습니다. 제품을 만들고 개선하는 과정에서 다시 한번 사용자 중심 사고의 중요성을 깊이 느낄 수 있었습니다. AI 시대가 되면서 다양한 툴과 방법론이 쏟아지고 있지만, 결국 문제를 발견하고 해결하는 본질은 변하지 않습니다. 사용자의 문제를 끊임없이 관찰하고 이해하며 진심을 다해 해결하려 노력할 때, AI 기술은 가장 빛나는 도구가 될 수 있습니다.

앞으로도 사용자 곁에서 문제를 찾고 해결하며, 더 가치 있는 제품을 만드는 PM이 되고 싶습니다. 이 글을 읽는 여러분과 함께 더 좋은 제품과 경험을 만들어갈 수 있으면 좋겠습니다.

PART 2
AI 기반 운영 자동화 및 시스템 연동기

✦ 04
GPT를 사용한 리뷰 자동화 시스템 구축기

#VOC #리뷰분석 #업무자동화 #GPT #운영효율화 #데이터분석

Sang 하상혁 Operations Manager

Sofia. wee 위주희 Operations Manager

앱 리뷰는 사용자의 목소리를 가장 생생하게 들을 수 있는 중요한 소통 창구입니다. 하지만 매일 쏟아지는 리뷰를 사람이 직접 확인하고 분류하는 것은 엄청난 시간과 노력이 필요한 일입니다. '이웃 간의 따뜻한 연결'을 지향하는 당근에서는 사용자의 목소리 하나하나를 놓치지 않기 위해, 운영팀이 직접 GPT를 활용한 리뷰 분석 자동화 시스템을 구축했습니다.

이 글에서는 단순 반복적인 수작업에서 벗어나, 사용자의 목소리에 더 깊이 귀 기울이고 중요한 문제 해결에 집중하기 위해 운영팀이 직접 자동화 시스템을 구축한 여정을 공유하고자 합니다. 저희가 마주했던 어려움부터 시작해, 리뷰 요약, 데이터 기반의 정교한 라벨링, 그리고 실무에 즉시 활용 가능한 인사이트 리포트 생성에 이르기까지, 총 5단계에 걸쳐 완성된 구체적인 자동화 구축 과정과 그 과정에서 얻은 노하우를 상세하게 소개해드리겠습니다.

글로벌 기업들의 앱 리뷰 관리 전략

사용자 피드백의 중요성은 비단 당근만의 이야기는 아닙니다. 이미 많은 글로벌 기업은 AI 기술을 적극적으로 도입하여 사용자 리뷰를 더욱 효율적으로 관리하고, 이를 통해 서비스 개선과 사용자 만족도 향상이라는 두 마리 토끼를 잡고 있습니다. 대표적인 사례로 애플과 아마존을 들 수 있습니다.

애플 : AI 기반 리뷰 요약 기능 도입

애플은 iOS 18.4 업데이트를 통해 앱스토어에 AI 기반의 리뷰 요약 기능을 도입했습니다. 이 기능은 애플 인텔리전스를 활용하여 사용자 리뷰를 분석하고, 핵심 내용을 요약하여 제공함으로써, 사용자들이 앱을 내려받기 전에 더욱 신속하게 평가할 수 있도록 돕고 있습니다. 이런 접근은 사용자 경험을 향상시키고, 앱 개발자에게도 유용한 피드백을 제공하고 있습니다.

아마존 : AI를 활용한 리뷰 요약 및 오디오 기능 제공

아마존은 제품 상세페이지에 AI를 활용한 리뷰 요약 기능을 도입하여, 고객들이 제품에 대한 전반적인 평가를 빠르게 이해할 수 있도록 지원하고 있습니다. 또한 최근에는 'Hear the highlights' 기능을 통해 AI가 생성한 오디오 요약을 제공하여, 사용자가 제품 정보를 손쉽게 파악할 수 있도록 하고 있습니다. 이런 기능은 고객의 구매 결정을 돕고, 제품에 대한 신뢰도를 높이는 데 기여하고 있습니다.

앱 리뷰의 중요성과 당근의 가치

시대를 이끄는 많은 성공적인 기업가들은 고객의 목소리에 귀 기울이는 것이야말로 비즈니스 성공의 핵심임을 꾸준히 역설해왔습니다. 이들에게 고객 피드백은 단순히 제품이나 서비스를 개선하기 위한 데이터를 넘어, 고객과의 신뢰를 쌓고, 장기적인 충성도를 확보하며, 결국에는 흔들리지 않는 브랜드 명성을 구축하는 근간이 되기 때문입니다. 아마존의 창립자 제프 베이조스가 "고객의 기대는 계속해서 높아지고 있습니다. 우리는 그 기대를 초과 달성해야 합니다."라고 말했듯이, 끊임없이 고객의 기대를 뛰어넘으려는 노력이 중요합니다. 또한, 워런 버핏 버크셔 해서웨이 CEO는 "평판을 쌓는 데는 20년이 걸리지만, 그것을 무너뜨리는 데는 5분이면 충분합니다."라는 말로 고객 피드백이 브랜드의 명성에 얼마나 결정적인 영향을 미치는지 강조했습니다. 이런 말들은 고객 피드백, 특히 앱 리뷰의 중요성을 잘 보여주고 있습니다.

당근은 '이웃 간의 따뜻한 연결'을 핵심 가치로 삼고 있습니다. 이 가치를 실현하기 위해, 사용자들이 남기는 앱 리뷰 하나하나를 소중히 여기고 있습니다. 리뷰는 단순한 피드백을 넘어, 서비스 개선의 방향을 제시하는 나침반과 같습니다. 예를 들어 사용자가 '특정 기능이 불편해요' 혹은 '이런 기능이 추가되면 좋겠어요'와 같은 리뷰를 남기면, 이는 단순한 불만이나 제안이 아니라, 서비스의 특정 부분에서 개선이 필요하다는 구체적인 신호로 받아들입니다. 이러한 생생한 목소리들이 모여 당근이 나아가야 할 길을 알려주기 때문입니다. 하지만 사용자의 목소리에 귀 기울이는 과정은 결코 쉽지 않습니다. 매일 수많은 리뷰가 쏟아지고, 그 안에서 진짜 개선점으로 이어질 수 있는 의미 있는 신호를 찾아내는 것은 많은 시간과 노력을 요구합니다. 바로 이 지점에서 '어떻게 하면 사용자의 목소리를 놓치지 않으면서도, 더 효율적으로 서비스에 반영할 수 있을까?'라는 고민이 시작되었습니다.

앱 리뷰 요약 자동화가 왜 필요했을까요?

앱을 운영하다 보면, 앱 리뷰는 단순한 별점 평가 이상의 의미를 가지게 됩니다. 사용자들은 정말 불편하거나, 꼭 개선되었으면 하는 부분이 있을 때 시간을 들여 앱스토어에 리뷰를 남깁니다. 이런 관점에서 당근은 의도적으로 표현된 '사용자의 목소리'인 앱 리뷰를 단순 코멘트가 아니라 중요한 피드백 채널로 보기 시작했고, 이를 별도로 관리하기 위한 체계를 만들기 시작했습니다.

초기에는 매일 수십 건씩 올라오는 리뷰를 일일이 직접 읽고 요약했습니다. 그중에서도 주로 개선이 필요해 보이는 유형들을 파악해서 수기로 라벨링을 하고, 그 결과를 매주 스프레드시트로 정리해 통계도 만들었습니다. 그리고 이 데이터를 바탕으로 리포트를 작성한 뒤, 관련된 담당자를 직접 멘션해서 실제 개선까지 이어지도록 했습니다.

하지만 본격적으로 앱 리뷰를 들여다봤을 때, 모든 리뷰에서 의미 있는 인사이트를 찾을 수는 없었습니다. 중요한 피드백도 분명 많았지만, 비슷한 유형의 불만이 반복되거나 욕설이 섞인 리뷰도 일부 포함되어 있었기 때문에, 이런 것들까지 다 분류하고 대응하는 과정에서 리소스가 많이 소모되었습니다. 리뷰 데이터를 단순히 모으는 데 그치는 게 아니라, 실제 문제로 이어질 만한 내용을 골라내고, 이것을 관련 담당자에게 전달하고, 실제 운영 개선으로 연결시키는 과정이 앱 리뷰 분석 활동의 본질이기 때문에, 매일같이 적재되는 리뷰를 계속 수작업으로 처리하는 업무는 점점 감당하기 어려워졌습니다.

운영팀은 이 문제를 인지하고 리뷰 대응 프로세스를 처음부터 다시 설계했습니다. 반복적인 수작업을 줄이고, 빠르게 개선해야 하는 피드백에 집중할 수 있도록 하기 위해 AI 기반 자동화를 도입했습니다. 자동화를 완료한 지금은, 기존에 수기로 작업했던 프로세스에서 벗어나 LLM과 자동화 도구를 중심으로 리뷰를 분석하고 요약하며, 통계 리포트 생성, 이슈 전달 등 일련의 과정을 전부 자동화해서 운영 중입니다. 덕분에 운영팀은 반복적인 업무에서 벗어나, 문제 해결에 더 많은 시간을 집중할 수 있게 되었습니다.

리뷰 요약 자동화 : GPT가 매일 대신 써줘요

본격적으로 자동화를 도입한 첫 번째 단계는 바로 리뷰 요약입니다. 이 과정은 슬랙 + 재피어* + GPT의 조합으로 구현했습니다. 구조는 생각보다 단순하지만 각 단계마다 작게나마 커스터마이징이 필요했기 때문에 실제 구현 과정에서는 꽤 많은 고민을 했습니다.

핵심 흐름은 이렇습니다.

1 앱 리뷰가 슬랙 채널(#noti-app-review)에 수신됩니다.

2 재피어가 새로운 메시지를 감지합니다.

3 해당 메시지를 GPT에 전달할 수 있도록 프롬프트 형태로 가공합니다.

4 GPT가 요약, 서비스, 유형, 고객 불만 사항을 추출해줍니다.

5 추출된 서비스 유형에 따라 서비스팀별 담당자를 매핑합니다.

6 슬랙 스레드에 자동으로 응답 메시지를 등록합니다.

---

* Zapier : 다양한 애플리케이션 간의 자동화를 도와주는 온라인 플랫폼

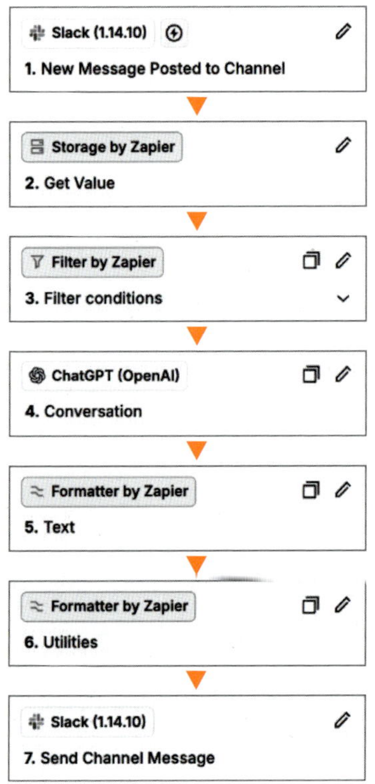

슬랙과 재피어, GPT 간 연결을 위해 재피어에서는 총 7단계의 액션을 사용했습니다. 반복 응답을 방지하기 위해 ts값을 캐싱하고, 스토리지에 기록된 메시지의 중복 여부를 확인하며, 포매터를 활용해 텍스트를 가공하는 등 기능을 하나하나 추가해갔습니다.

프롬프트 설계에서는 특히 일관성과 맥락 해석이 중요했습니다. 아무리 GPT가 똑똑하다고 해도, "앱 꺼져요" 같은 짧은 메시지를 무슨 서비스의 어떤 문제로 해석해야 하는지는 별도의 지침이 필요했기 때문입니다.

그래서 프롬프트에는 다음과 같은 구조를 설정했습니다.

✦ 프롬프트

서비스 : [중고거래 / 동네생활 / 알바 등]

유형 : [제재 / 오류 / 개선 제안 등]

고객 불만 사항 :

- 간결한 음슴체 요약

확인 필요 사항 :

- 대응 필요 시 메일 안내

그리고 문맥이 모호하거나 짧은 리뷰에 대해서는 에지 케이스 대응용 예시도 함께 넣었습니다.

✦ 프롬프트

내용 서비스 유형

앱 튕기고 아무것도 안 돼요 시스템 오류

페이 충전했는데 안들어와요 페이 오류

TIP 문장이 짧고 모호할수록 예시를 늘리는 게 효과적입니다. 특히 "서비스 분류"가 애매한 때에는 샘플이 5개 이상일 때 정확도가 눈에 띄게 올라갔습니다.

슬랙 응답까지 자동화하기 위해, GPT가 생성한 '서비스'값을 기반으로 재피어 포매터에서 슬랙 ID를 매핑했습니다. 예를 들어 "페이" 관련이면 @pay-owner를 자동 멘션하는 방식입니다. 이렇게 하니 슬랙에 사람이 추가 댓글을 달지 않아도 바로 관련 담당자가 대응할 수 있는 구조가 되었습니다.

이 시스템을 완성한 후 가장 눈에 띄는 변화는 '사람이 반복적으로 해야 했던 일'이 사라졌다는 점입니다. 팀원들은 이제 "이건 어떤 이슈지?"가 아니라 "이 이슈를 어떻게 해결할까?"에 더 집중할 수 있게 되었습니다.

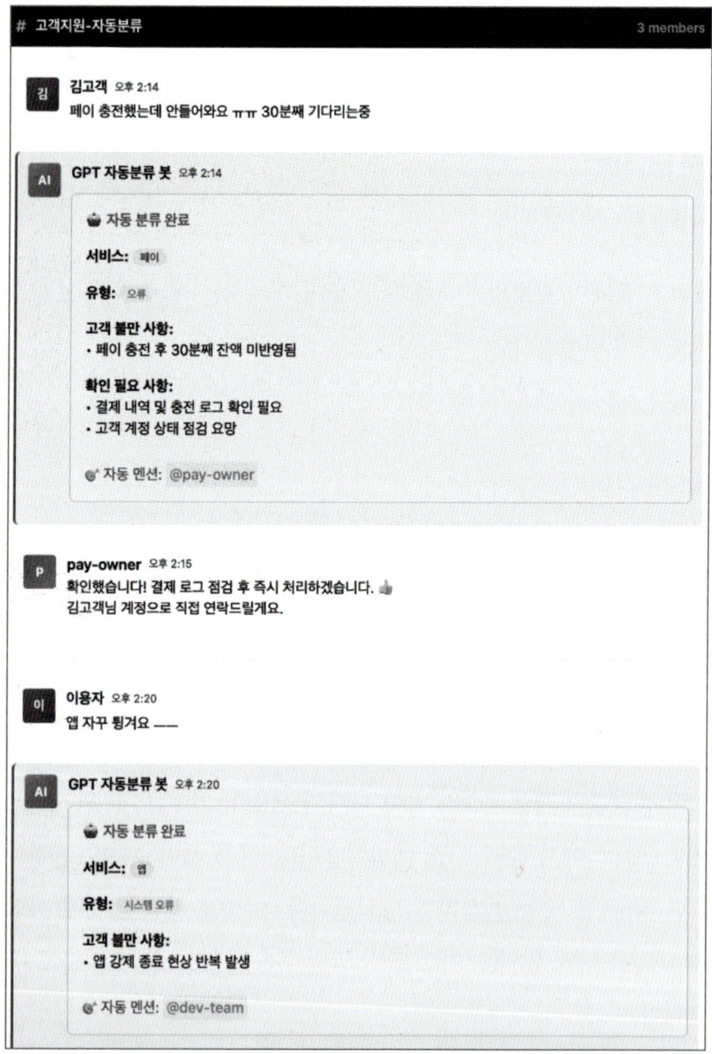

이어서 이렇게 추출된 리뷰들을 어떻게 라벨링했는지를 설명해보겠습니다.

리뷰 라벨링 자동화 : 6시간 수작업이 30분으로

두 번째 자동화 대상은 "리뷰 라벨링"이었습니다. 기존에 문제점이 담긴 리뷰는 서비스 개선을 위한 핵심 피드백이 많아 주의 깊게 살펴봐야 해서 리뷰 라벨링 진행 후 리포트와 함께 서비스팀에 전달했습니다. 이때 라벨링은 사람이 일일이 리뷰 내용을 읽고, 다음과 같은 정보를 수기 입력하는 방식으로 진행되었습니다.

- **서비스** : 예) 중고거래, 동네생활, 페이, 시스템 등
- **유형** : 예) 오류, 제재, 개선 제안, 고객센터 불만 등
- **요약** : 예) "앱이 자꾸 꺼져요" → "강제 종료 오류"

이 작업은 적게 잡아도 매월 6시간 이상이 소요되었고, 검수까지 병행했을 때는 더 많은 시간이 필요했습니다. 그래서 이 과정도 자동화하기로 했습니다. 단순한 키워드 매칭이 아니라, 문맥을 고려해 라벨링할 수 있는 GPT 기반의 시스템을 만들었습니다. 이 구조를 완성하기까지 3~4일 동안 GPT와 대화하면서 시나리오를 반복 수정했고, 최종적으로는 유사도 기반 예시 참조 방식을 채택했습니다.

CSV 파일로 정리했어요

먼저 리뷰 데이터를 정리한 뒤, 직접 라벨링한 샘플 데이터를 수십 건 이상 준비했습니다. 예를 들어 다음과 같은 데이터를 직접 만들어 CSV 파일로 정리했습니다.

내용	서비스	유형	요약
앱 튕기고 아무것도 안 돼요	시스템	오류	강제 종료 오류
페이 충전했는데 안 들어와요	페이	오류	결제 실패
신고했는데 왜 아무 조치 없나요?	운영	오류	조치 지연

이 샘플들을 GPT 임베딩 API로 벡터화해서 저장했습니다. 이렇게 하면 리뷰마다 의미론적 유사도를 비교할 수 있게 됩니다. 그리고 라벨링 대상이 되는 새로운 리뷰(원본 데이터)가 들어오면, 그 리뷰와 가장 유사한 샘플 3~5개를 찾고, 해당 샘플들과 함께 GPT에 전달합니다. GPT는 샘플을 참고해 새로운 리뷰에 알맞은 분류 결과를 생성해줍니다. 이 방식의 장점은 프롬프트만으로도 높은 정밀도를 확보할 수 있다는 것입니다. 별도로 모델을 학습시키지 않아도 일관된 기준으로 결과를 얻을 수 있습니다.

자동화 구조 요약

1 샘플 리뷰 데이터 수집 및 수동 라벨링

2 GPT 임베딩 API로 벡터화

3 신규 리뷰가 들어오면 유사한 샘플 3~5개 추출

4 샘플 + 신규 리뷰를 프롬프트와 함께 GPT에 전달

5 GPT가 서비스 / 유형 / 요약을 자동 추출

TIP 리뷰가 짧거나 표현이 모호할수록 예시 샘플을 많이 주는 것이 효과적입니다. 저희는 샘플을 5개 이상 제공했을 때 정확도가 평균 15% 이상 향상되었습니다.

스트림릿으로 UI도 만들었어요

개발 리소스를 최소화하고, 비개발자도 쉽게 활용할 수 있도록 스트림릿Streamlit을 사용해서 간단한 웹 UI도 함께 만들었습니다. 초기에는 파이썬 코드로만 실행했지만, 사용자가 매번 코드를 실행하지 않아도 되도록 버튼과 업로드 UI를 구성했습니다.

UI에서는 다음과 같은 기능을 제공합니다.

- 샘플 CSV 업로드(라벨링된 예시 데이터)
- 분석 대상 CSV 업로드(원본 리뷰)
- GPT 실행 버튼 클릭 → 자동 분류 결과 출력
- 자동 분류된 CSV 다운로드

덕분에 비개발자인 팀원들도 직접 리뷰 데이터를 정리하고 라벨링 결과를 확인할 수 있게 되었습니다.

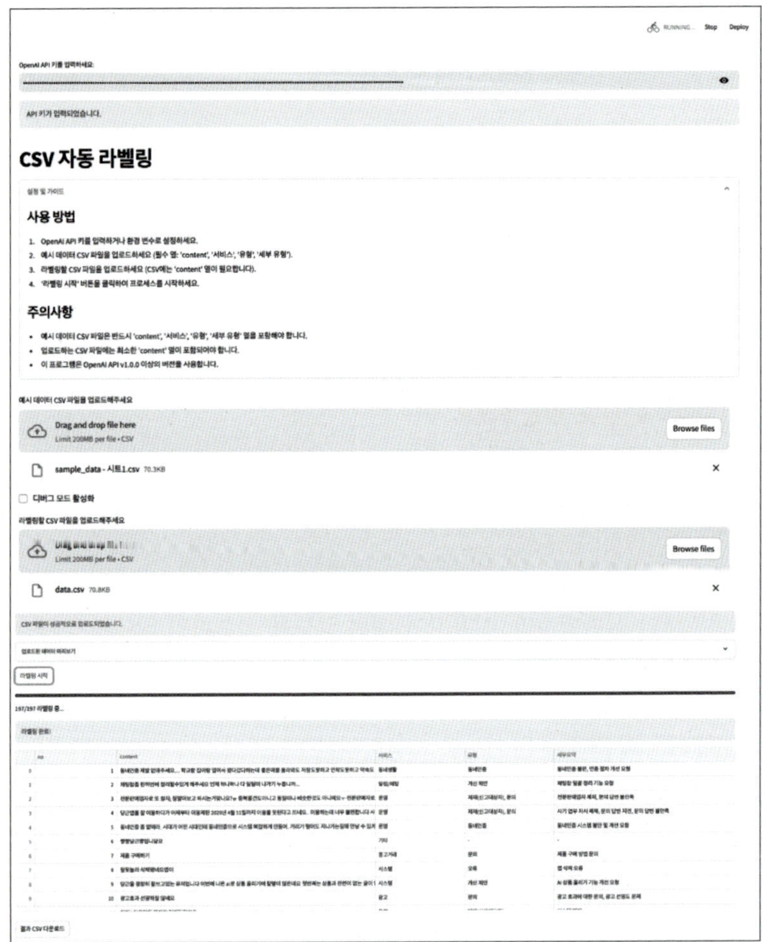

예를 들어 마케팅팀에서는 주간 프로모션 캠페인에 대한 피드백을 빠르게 분류해볼 수 있고, 고객센터에서는 반복되는 불만 유형을 실시간으로 파악할 수 있습니다.

이 시스템을 만들면서 가장 어려웠던 점은 '서비스 기준 분류가 헷갈리는 리뷰'였습니다. 예를 들어 '검색이 잘 안 돼요'라는 리뷰는 검색 서비스일 수도 있고, 중고거래 UX 문제일 수도 있습니다. 이런 때에는 라벨링 기준을 명확히 정하고, GPT에게도 그 기준을 프롬프트로 전달해야 정확도가 올라갔습니다.

그러한 어려움을 극복하고 완성된 자동화된 라벨링 시스템 덕분에, 과거에는 반나절 이상 걸리던 작업이 이제는 30분 안에 끝납니다. 그리고 더 중요한 것은, 이렇게 절약된 시간으로 우리는 더 정교한 인사이트 도출과 개선 방향 논의에 집중할 수 있게 되었습니다.

이어서 이렇게 정리된 라벨 데이터를 기반으로 어떻게 운영 인사이트를 뽑아내는지를 소개하겠습니다.

인사이트 도출 자동화 : 실무에 바로 쓰는 리포트 만들기

리뷰를 라벨링한 뒤에는, 데이터를 정리하고 통계를 내고 인사이트를 도출해야 합니다. 이 과정이야 말로 운영팀 입장에서 가장 전략적인 단계이기도 합니다. 단순히 "불만이 많다"는 느낌을 넘어서서, 무엇을, 어느 시점에, 왜 개선해야 하는지를 정리하는 실용적인 인사이트를 만드는 것이 목표입니다.

과거에는 다음과 같은 방식으로 진행했습니다.

1 수작업으로 정리된 라벨 데이터를 스프레드시트로 옮김

2 피벗 테이블이나 COUNTIF를 이용해 유형별 통계 생성

3 비율 변화, 주요 이슈, 대표 사례 등을 분석해 요약

4 슬라이드나 문서로 정리해 리포트화

5 관련 팀에 공유하고 회의에서 구두 설명

매달 반복되는 이 과정은 평균 1~2일 정도의 시간이 걸렸고, 담당자의 분석 역량에 따라 인사이트의 깊이가 달라지는 문제도 있었습니다. 그래서 우리는 이 과정도 자동화했습니다.

리뷰 라벨링 결과는 이미 서비스, 유형, 요약이라는 구조로 정제된 텍스트 데이터입니다. 이걸 바탕으로 GPT에게 분석을 맡기면 정형화된 인사이트를 도출할 수 있습니다. 우리는 이 과정을 위해 내부 도구인 VoC 플레이그라운드를 사용했습니다. 이 도구는 라벨 데이터를 GPT에 전달하고, 운영 리포트 형태의 인사이트를 추출하는 기능을 수행합니다.

GPT에게는 다음과 같은 프롬프트를 사용했습니다.

✦ 프롬프트

```
당신은 당근 앱 서비스 사용자 리뷰 데이터를 분석하는 VOC 리서처입니다.

주어진 리뷰 데이터를 바탕으로, 사용자의 불만 또는 불편 사항 중 실무 개선
에 바로 활용 가능한 핵심 이슈를 총 4~5개 항목으로 요약하여 정리하세요.

출력 포맷:
### N [카테고리명] [세부 항목명] 비율%, N건(+변동률%)
- 이슈 요약: (30자 이내)
- 감정: 불만, 불신 등 1~2개
- ¦ 불만 유형 ¦ 비율 ¦ 대표 예시 ¦
- 개선 방향: 실무적 조치 제안
```

이렇게 구조를 명확히 지정하면 GPT는 형식에 맞춰 정확하고 실무에 바로 쓸 수 있는 리포트를 생성해줍니다.

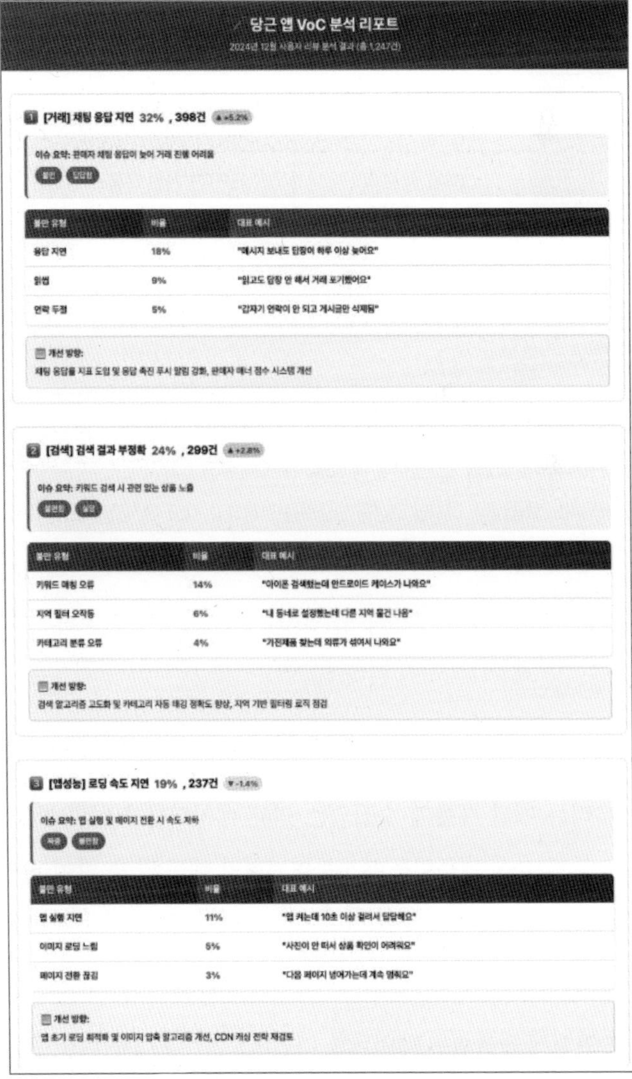

당근 앱 VoC 분석 리포트

2024년 12월 사용자 리뷰 분석 결과 (총 1,247건)

1 [거래] 채팅 응답 지연 32% , 398건 ▲+5.2%

이슈 요약: 판매자 채팅 응답이 늦어 거래 진행 어려움

불만 답답함

불만 유형	비율	대표 예시
응답 지연	18%	"메시지 보내도 답장이 하루 이상 늦어요"
읽씹	9%	"읽고도 답장 안 해서 거래 포기했어요"
연락 두절	5%	"갑자기 연락이 안 되고 게시글만 삭제됨"

개선 방향:
채팅 응답률 지표 도입 및 응답 촉진 푸시 알림 강화, 판매자 매너 점수 시스템 개선

2 [검색] 검색 결과 부정확 24% , 299건 ▲+2.8%

이슈 요약: 키워드 검색 시 관련 없는 상품 노출

불만 유형	비율	대표 예시
키워드 매칭 오류	14%	"아이폰 검색했는데 안드로이드 케이스가 나와요"
지역 필터 오작동	6%	"내 동네로 설정했는데 다른 지역 물건 나옴"
카테고리 분류 오류	4%	"가전제품 찾는데 의류가 섞여서 나와요"

개선 방향:
검색 알고리즘 고도화 및 카테고리 자동 태깅 정확도 향상, 지역 기반 필터링 로직 점검

3 [앱성능] 로딩 속도 지연 19% , 237건 ▼-1.4%

이슈 요약: 앱 실행 및 페이지 전환 시 속도 저하

불만 유형	비율	대표 예시
앱 실행 지연	11%	"앱 켜는데 10초 이상 걸려서 답답해요"
이미지 로딩 느림	5%	"사진이 안 떠서 상품 확인이 어려워요"
페이지 전환 끊김	3%	"다음 페이지 넘어가는데 계속 멈춰요"

개선 방향:
앱 초기 로딩 최적화 및 이미지 압축 알고리즘 개선, CDN 캐싱 전략 재검토

• 인사이트 리포트 자동화 전/후 비교 •

항목	기존 방식(AS-IS)	자동화 방식(TO-BE)
통계 생성	수기 COUNTIF + 피벗	파이썬 스크립트로 자동 요약
요약 문구 작성	엑셀 통계 기반 수기 정리	GPT 자동 요약 + 감정 분석
대표 예시 선정	개별 리뷰 검토	GPT가 불만 유형별 대표 문장 추출
개선 방향 제시	회의 중 논의	GPT가 사전 프롬프트 기반 도출

전체적으로는 약 70~80%의 시간을 절약했고, 인사이트 품질도 더 일관되고 명확해졌습니다.

TIP 출력 형식이 인사이트의 품질을 좌우합니다. GPT를 통한 인사이트 도출에서 가장 중요했던 것은 출력 포맷의 명확화였습니다. 형식을 자유롭게 두면 할루시네이션이 발생하거나 요약이 중복되기도 했습니다. 하지만 고정된 템플릿을 설정하고, 대표 예시까지 포함하도록 지시하면 품질이 눈에 띄게 올라갔습니다.

[예]

- 이슈 요약 : "앱 튕김 반복 발생"
- 감정 : 불만, 불신
- 개선 방향 : 오류 탐지 기능 보강, 테스트 케이스 확대

이제 우리는 매달 새롭게 수집되는 리뷰 데이터를 분석할 때, 수작업 없이 GPT 기반 분석 템플릿을 복사붙여넣기만 해도 몇 초 만에 초안을 얻을 수 있습니다. 이렇게 절약한 시간은 더 깊은 운영 전략 논의에 집중할 수 있게 해주었습니다.

이어서 이렇게 자동화된 데이터를 기반으로 한 앱 리뷰 리포트 전체 흐

름을 요약해보겠습니다.

자동화 시스템, 어디까지 왔을까?

지금까지 리뷰 요약, 라벨링, 인사이트 도출까지 GPT를 활용해 자동화해온 흐름을 설명했습니다. 이번 장에서는 이 전체 프로세스가 어떻게 유기적으로 연결되어 있는지를 한눈에 보여드리겠습니다.

• 전체 리뷰 분석 흐름 요약 •

단계	기존 방식(AS-IS)	개선 방식(TO-BE)	진행 현황
리뷰 요약	수기 작성	GPT 자동 응답	완료
라벨링	수기 분류	샘플 기반 GPT 분류	완료
인사이트 정리	수기 분석	GPT 리포트 자동화	완료
스프레드시트 기록	수동 정리	앱스 스크립트 자동 기록	완료
앱팔로우 응답 전송	수기 입력	슬랙 모달 → 자동 전송	진행 중

이처럼 리뷰의 입력 → 요약 → 분류 → 분석 → 공유까지 전 과정이 자동화되어 있습니다. 특히 슬랙 채널 기반으로 운영되기 때문에 누구나 쉽게 흐름을 확인하고 필요한 액션을 빠르게 취할 수 있습니다.

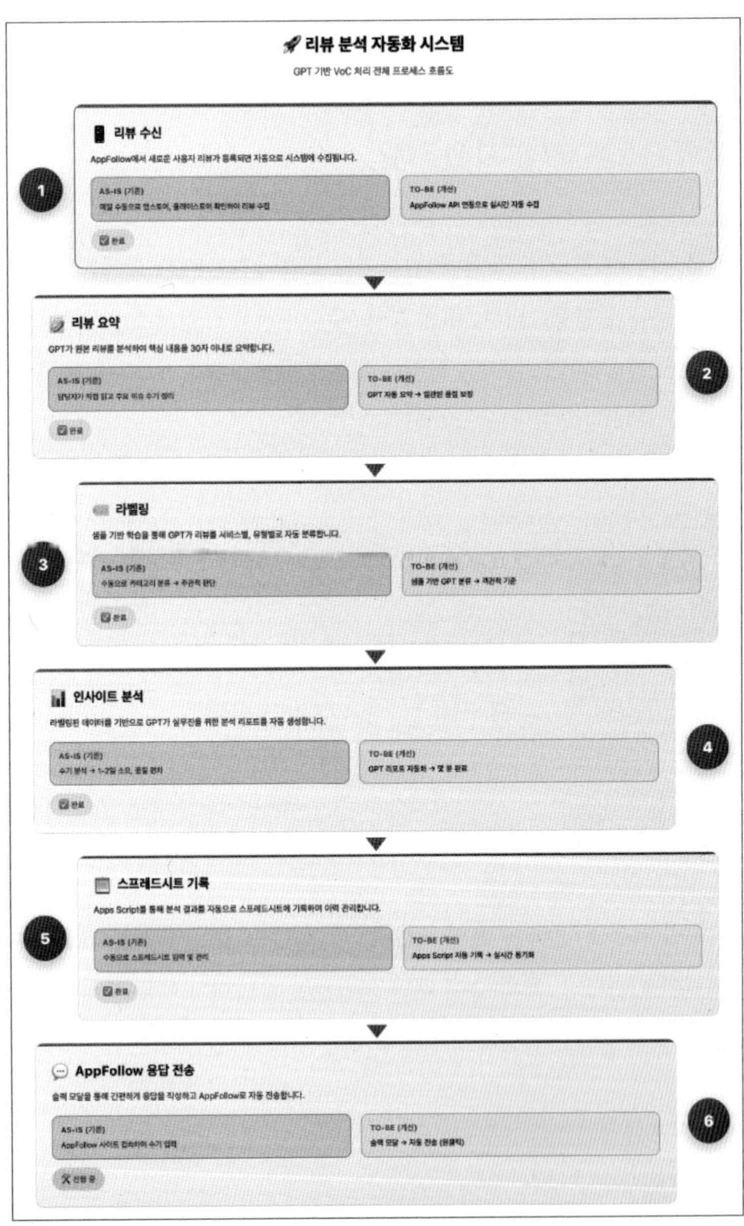
리뷰 분석 자동화 시스템
GPT 기반 VoC 처리 전체 프로세스 흐름도
1
리뷰 수신
AppFollow에서 새로운 사용자 리뷰가 등록되면 자동으로 시스템에 수집됩니다.
AS-IS (기존)
매일 수동으로 앱스토어, 플레이스토어 확인하여 리뷰 수집
TO-BE (개선)
AppFollow API 연동으로 실시간 자동 수집
완료
2
리뷰 요약
GPT가 원본 리뷰를 분석하여 핵심 내용을 30자 이내로 요약합니다.
AS-IS (기존)
담당자가 직접 읽고 주요 이슈 수기 정리
TO-BE (개선)
GPT 자동 요약 → 일관된 품질 보장
완료
3
라벨링
샘플 기반 학습을 통해 GPT가 리뷰를 서비스별, 유형별로 자동 분류합니다.
AS-IS (기존)
수동으로 카테고리 분류 → 주관적 판단
TO-BE (개선)
샘플 기반 GPT 분류 → 객관적 기준
완료
4
인사이트 분석
라벨링된 데이터를 기반으로 GPT가 실무진을 위한 분석 리포트를 자동 생성합니다.
AS-IS (기존)
수기 분석 → 1-2일 소요, 품질 편차
TO-BE (개선)
GPT 리포트 자동화 → 몇 분 완료
완료
5
스프레드시트 기록
Apps Script를 통해 분석 결과를 자동으로 스프레드시트에 기록하여 이력 관리합니다.
AS-IS (기존)
수동으로 스프레드시트 입력 및 관리
TO-BE (개선)
Apps Script 자동 기록 → 실시간 동기화
완료
6
AppFollow 응답 전송
슬랙 모달을 통해 간편하게 응답을 작성하고 AppFollow로 자동 전송합니다.
AS-IS (기존)
AppFollow 사이트 접속하여 수기 입력
TO-BE (개선)
슬랙 모달 → 자동 전송 (원클릭)
진행 중

이 프로젝트 덕분에 당근은 무엇을 얻었을까요?

1 **시간 절약 :** 수작업 대비 평균 80% 이상 업무 시간 감소

2 **정확도 향상 :** 예시 기반 GPT 프롬프트와 라벨링 일관성 확보

3 **운영 투명성 :** 슬랙에 리뷰 흐름이 모두 기록돼 실시간 대응 가능

4 **확장 가능성 :** 리뷰 외에도 고객센터 문의, 게시글 신고 등 다양한 입력 소스에 적용 가능

무엇보다 중요한 것은, 상대적으로 엔지니어 비중이 낮은 운영조직임에도 운영팀이 스스로 이 자동화 구조를 설계하고 운영한다는 점입니다. 이는 단순한 기술 도입이 아니라 조직 문화와 전략의 전환을 의미합니다.

마치며 : AI 도구, 거대한 시스템이 아니라도 좋습니다

이번 프로젝트는 단순히 시간을 아끼기 위한 자동화가 아니었습니다. 더 나아가, 운영팀의 역할을 재정의하고 팀의 역량을 한 단계 끌어올리는 중요한 전환점이었습니다. 우리는 이 자동화 흐름을 통해, 운영팀이 단순하고 반복적인 업무에서 벗어나 사용자의 목소리 뒤에 숨겨진 진짜 맥락을 파악하고, 데이터에 기반한 근거를 가지고 제품 개선 방향을 제안하는 '전략적 파트너'로 거듭날 수 있는 환경을 만들었습니다. 이제 운영팀은 '어떤 불만이 몇 건 접수되었는가'를 넘어, '왜 사용자들이 이런 불편을 겪을까?'라는 근본적인 질문에 집중하며, 더 가치 있는 일에 시간을 쏟을 수 있게 되었습니다.

앞으로도 당근은 여기서 멈추지 않고 사용자의 목소리를 더 빠르고 깊이 있게 서비스에 반영하기 위해, 다양한 AI 도구와 자동화 시스템을 적극적으로 실험해나갈 예정입니다. 예를 들어 특정 유형의 리뷰가 급증할 때 이를 이상 징후로 감지하여 미리 알림을 주거나, 긍정적인 피드백을 분석하여 당근 서비스의 강점을 더욱 강화하는 방안을 모색하는 등, 한층 더 고도화된 시스템을 구상하고 있습니다.

거창한 시스템이 아니더라도 괜찮습니다. 자신의 팀과 업무에서 가장 반복적이고 시간을 많이 소모하는 부분이 무엇인지 찾아보는 것부터 시작해보시길 바랍니다. 작은 자동화 시도가 팀의 업무 효율을 극대화하고, 구성원들이 더 창의적이고 본질적인 문제에 집중할 수 있는 중요한 첫걸음이 될 것이라 확신합니다.

✦ 05

LLM을 활용한 당근 중고거래 운영 자동화 전환기

#LLM #운영자동화 #비개발자코딩 #프롬프트엔지니어링

Sang 하상혁 Operations Manager

중고거래 플랫폼에서 운영팀은 매일같이 문제를 해결합니다. 사기 신고, 이상 게시글, 반복되는 고객 응대... 누군가는 꼭 처리해야 할 일들입니다. 그런데 이런 일들에 계속 매몰되다 보면, 진짜 중요한 전략 기획이나 사용자 경험 개선에는 손쓸 여유조차 없어집니다. 저 역시 마찬가지였습니다.

경영학자 리 민츠버그Henry Mintzberg는 운영을 "보이지 않는 의사결정의 연속"이라고 표현했습니다. 운영이 잘된다는 건 '문제가 발생하지 않는 것'이기 때문에, 잘할수록 티가 나지 않습니다. 하지만 그 조용한 흐름을 유지하기 위해선 수많은 판단과 대응이 있어야 합니다.

중고거래 플랫폼은 특히 더 복잡합니다. 실시간으로 올라오는 수천 개의 게시글, 그 속에서 생기는 개개인 혹은 단체 간의 이해관계 그리고 제일 어려운 빠르게 진화하는 사기 유형까지. 운영자는 그 모든 것을 실시간으로 감지하고, 대응하고, 때로는 정책까지 개선해나가야 합니다.

그래서 반복되는 일에서 벗어날 방법을 고민하다가 인공지능, 특히 LLMLarge Language Model을 활용해보기로 결심했습니다. 텍스트 기반 자동화 기술이라 운영 업무와 가장 잘 어울릴 수 있겠다고 생각했습니다.

다음 이미지는 중고거래 플랫폼 운영팀이 매일 반복적으로 수행하는 핵심 업무 사이클을 보여줍니다.

• 중고거래 플랫폼 운영 업무 사이클 •

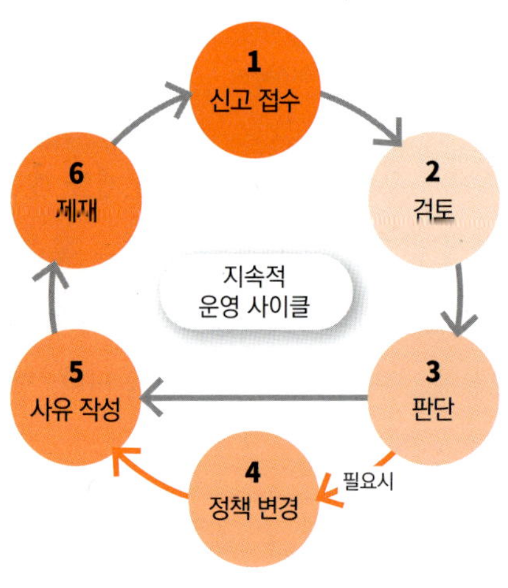

신고가 접수되면 이를 검토하고, 정책에 따라 판단을 내린 뒤, 그에 맞는 사유를 작성하고 제재 조치를 취하게 됩니다. 이 과정은 한 번으로 끝나는 것이 아니라, 유사한 신고가 계속 들어오면서 반복되고 축적되는 특징을 가지고 있습니다. 그래서 '지속적 운영 사이클'이라는 이름처럼, 운영팀은 끊임없이 순환하는 이 흐름 속에서 일하는 셈입니다. 이 흐름도가 보여주는 것처럼, 운영의 본질은 단순한 판단을 넘어서 문제 해결과 기록, 그리고 다음 대응을 위한 기반을 쌓아가는 일입니다.

그렇다면 다른 회사들은 이러한 반복 업무를 어떻게 처리하고 있을까요? 산업특화 인공지능 AI 기술을 사용하는 마키나락스MakinaRocks는 사내 행정 문의 대응을 위해 LLM 기반 챗봇 '드민이'를 도입해서 직원들의 단순 반복 질문을 실시간으로 처리하고 있습니다. 오스트리아 법률 출판사 Manz는 LLM 기반 의미 검색 시스템을 도입해서, 변호사들이 방대한 법률 문서 속에서 핵심 정보를 빠르게 찾을 수 있도록 도와주고 있습니다. 기술 컨설팅 및 아웃소싱 기업인 카그너젼트Cognizant는 구글 클라우드와 협업해 의료 보험 클레임과 관련된 고객 이의제기를 처리하는 데 LLM을 활용하고 있습니다. 그결과 고객만족도는 높아지고, 직원 업무 부담는 줄었다고 합니다.

이처럼 LLM은 더 이상 실험적인 기술이 아니라, 반복 업무를 다루는 운영 조직에 실질적인 도움이 되는 도구로 쓰이고 있습니다.

반복에 매몰된 운영, 자동화를 고민하다

중고거래 플랫폼의 운영 일을 오래 하다 보면, 한 가지 깨닫게 됩니다. '이 일, 어제도 했던 건데?'라는 생각이 들 만큼 같은 업무가 반복됩니다. 신고 유형은 어느 정도 정형화되어 있고, 정책 판단 기준도 문서화돼 있습니다. 심지어 응대 문구까지도 거의 복붙이죠. 그러다 보니 매일 비슷한 업무를 반복하면서, 운영팀은 지치기 십상입니다.

반복 업무가 누적되면 어떤 일이 벌어질까요? 당연히 리소스가 고갈됩니다. 중요한 이슈를 놓칠 수도 있고, 급한 일만 처리하느라 전략적인 시야는 점점 좁아지죠. 더 안타까운 건, 같은 문제가 며칠 뒤 또 들어올 때입니다. '이건 지난주에도 했던 건데…' 싶지만, 다시 처음부터 판단하고 대응해야 했습니다. 효율도 낮고, 사람도 쉽게 번아웃됩니다.

그런 상황에서 한 가지 생각이 떠올랐습니다. '이거 GPT로 자동화할 수 있지 않을까?' 처음엔 단순한 호기심이었습니다. 하지만 GPT-4를 써보니, 이거 꽤 괜찮겠다는 확신이 들기 시작했습니다. 물론 모든 걸 대체하진 못하겠지만, **반복적인 업무의 일부는 충분히 자동화할 수 있다**는 가능성이 보였습니다.

그래서 저는 실험을 시작했습니다. 개발자는 아니지만, 쓸 수 있는 도구는 많았습니다. 커서 AI, GPT, FastAPI, 노션 같은 것들이요. 개발자가 아니어도 직접 코드를 실행해보고, AI 모델과 대화하며 필요한 기능을 하나씩 만들어봤습니다. 처음엔 낯설었지만, 멈추지 않고 계속 만지다 보니 점점 익숙해졌습니다.

운영자가 만든 첫 AI 도구

자동화를 해보자고 결심한 뒤, 제가 가장 먼저 떠올린 건 의약품·의료기기 불법 게시글을 탐지하는 정규식 작업이었습니다. 운영자라면 한 번쯤은 이런 고민했을 겁니다. "이런 불법 의약품 광고, 어떻게 막지?"

보통은 사용자가 신고한 게시글을 보고, 수작업으로 정규식을 만들어 필터링 조건을 추가했습니다. 예를 들어 '처방전 없이', '해외직구 의약품', '식약처 미승인' 같은 키워드가 있는 게시글을 걸러야 한다면, 정규식으로 조건을 짜서 시스템에 넣는 식이죠. 그런데 이 과정이 은근히 까다롭고 시간이 많이 듭니다. 팀원 중엔 정규식을 어려워하는 분도 많았고요.

그래서 자연어로 "이런 조건의 게시글을 걸러줘"라고 입력하면, 그에 맞는 정규식을 자동으로 만들어주는 도구를 직접 만들어보기로 했습니다. 그게 바로 Regex Maker입니다.

이 도구는 GPT에게 운영자의 말을 전달하면, 거기에 맞는 정규식을 만들어주는 구조입니다. 프론트엔드는 리액트React로 구성했고, 백엔드는 FastAPI로 만들었습니다. 사용자가 문장을 입력하면 백엔드에서 GPT를 호출해서, 정규식을 생성해주고 다시 프론트로 응답하는 구조죠. 커서 AI를 활용해서 빠르게 코딩했고, 이틀 만에 프로토타입을 완성했습니다.

직접 사용해보니 꽤 유용했습니다. "처방전 없이 구매 가능한 의약품 광고를 잡고 싶어요"라고 쓰면 정규식이 짜여 나오니까, 정규식 작성에 익숙하지 않은 팀원도 쓸 수 있었거든요. 실제로 내부 운영 도구에 붙여서 테스트도 했습니다.

'비개발자'인 제가 커서 AI와 오픈AI API만으로 만들었다는 점에서 개인적으로 특별한 의미로 다가왔습니다. 거창한 머신러닝 모델을 훈련시킨 건 아니었지만, 운영팀의 문제를 정확히 알고 있었기 때문에, 필요한 도구를 시련은 있었지만 비교적 짧은 시간 안에 만들 수 있었습니다. 이제부터 그 과정을 살펴보겠습니다.

반복을 이해하고 자동화 설계하기

비개발자가 실제 운영 문제를 해결하기 위해 AI 도구를 설계한다는 건, 단순한 '자동화 구현'을 넘어선 일입니다. 직접 코드 한 줄을 짜지 않더라도, 도구들이 어떤 식으로 동작하고, LLM이 어떤 식으로 입력을 받아들여야 하는지를 이해하는 것부터 시작했습니다.

이 도구의 목표는 간단했습니다. 운영자가 "이런 유형의 게시글은 막고 싶어요"라고 말하면, 그걸 정규식으로 변환하는 겁니다. 하지만 생각보다 GPT는 '운영자 언어'를 그대로 이해하지 않습니다. 예를 들어 "의약품 판매하는 글 걸러줘"라는 말에 대해, GPT는 너무 느슨하거나 엉뚱한 정규식을 출력할 수 있습니다.

그래서 다음과 같은 조건으로 프롬프트를 다듬어야 했습니다.

- **조건 1** : "주석 없이, 단일 정규식만 반환"
- **조건 2** : "운영팀이 사용할 수 있을 정도로 명확하고 짧게"
- **조건 3** : 실제 운영 문맥을 간략히 요약해 GPT에게 전달

✦ 프롬프트

당신은 온라인 플랫폼 운영팀입니다. 아래 문장을 만족하는 불법 의약품·의료기기 게시글을 탐지하는 정규식을 만들어주세요.
문장: 처방전 없이, 해외직구, 식약처 미승인 등의 키워드를 포함하는 의약품 판매
게시글 조건: 단일 정규식, 주석 없음, 특수 문자 이스케이프 필수

그 결과는 다음처럼 나오게 돼요.

✦ 출력

```
/(처방전.?없이|해외.?직구|식약처.?미승인|전문의약품.?판매)/i
```

이후 프론트엔드에선 실제 게시글 샘플을 넣고 **해당 정규식이 어떤 문장에 매칭되는지** 테스트할 수 있도록 UI를 구성했습니다. FastAPI로 만든 백엔드에서 오픈AI API를 호출하고, 리액트에서 결과를 받아 보여주는 구조입니다.

• 정규식 생성기(알파버전) •

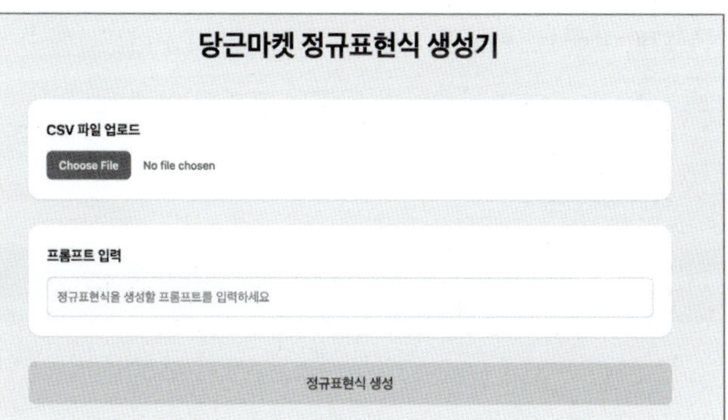

이 과정에서 커서 AI, 클로드, 오픈AI를 다음과 같이 활용했습니다.

1. 커서 AI

- GitHub 코드 기반으로 바로 수정 → 실행까지 가능
- 예시 코드 수정 후 우측에서 바로 동작 결과 확인

- 추천 : ctrl+space로 자동완성과 LLM 기능 동시에 활용

2. 클로드

- 정책을 요약하기 → 요약한걸 프롬프트로 변환
- 출력 결과가 json 형태로 나갈 수 있게 세팅

3. 오픈AI GPT(Assistants API 포함)

- 정규식 생성, 누락 탐지, 유사 문장 제안 등 대부분의 처리 담당
- GPT-4-turbo의 컨텍스트 창 덕분에 긴 문서 비교도 가능

언급한 세 가지 툴을 조합하여 '① 클로드가 정책 문서 요약 → ② 커서 AI가 프롬프트, 프론트, 백엔드 개발 → ③ 결과를 GPT로 실행 → ④ 프론트에 결과 적용' 흐름으로 진행하면 원하는 결과를 얻게 됩니다.

① 클로드가 정책 문서 요약

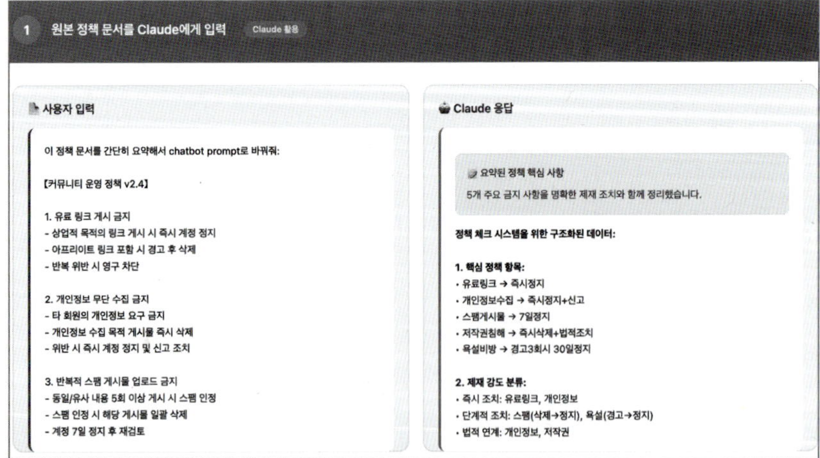

❷ 커서 AI가 프롬프트, 프론트, 백엔드 개발

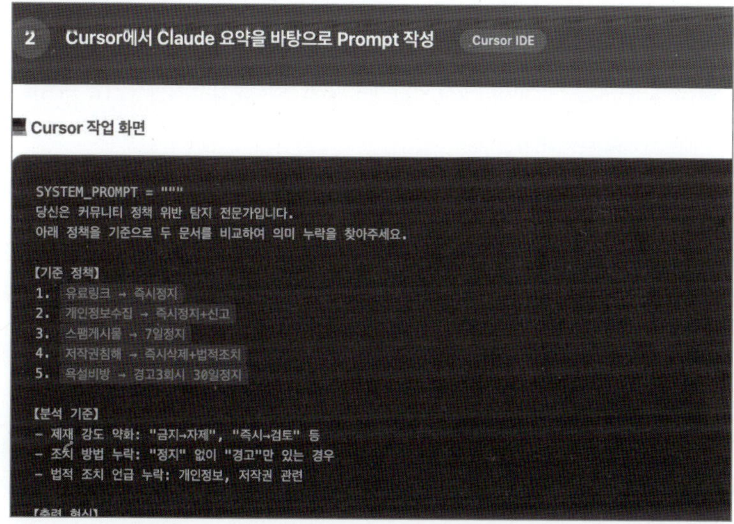

❸ 결과를 GPT로 실행

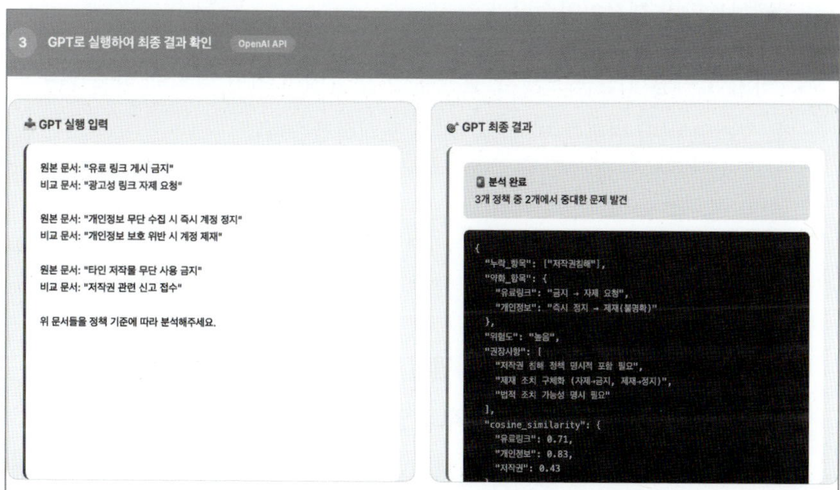

과정을 거치면서 느낌바를 한 줄 요약을 해본다면 '프레임워크보다 중요한 건 맥락 감각'이라는 점입니다. 더 구체적으로 적어보자면요,

- 중요한 건 리액트냐 FastAPI냐가 아닙니다. 정말 중요한 건 운영자가 가진 맥락을 기술에 녹여내는 힘입니다.
- LLM은 만능 도구가 아닙니다. 하지만 정확한 질문을 줄 수 있다면, 정말 강력한 무기가 될 수 있습니다.
- 문제 정의 능력은 결국 현장에 있는 사람이 제일 잘 갖고 있습니다. 그래서 비개발자인 '운영자'가 누구보다 LLM을 잘 다룰 수 있습니다.

처음엔 '이거 자동화하면 좋겠다'는 생각으로 시작했지만, 막상 만들어보니 생각보다 고민할 게 많았습니다. 단순히 GPT에게 "정규식을 만들어줘"라고 묻는다고 정확한 결과가 나오진 않더라고요. 운영팀의 요구는 생각보다 훨씬 명확하고 세밀하기 때문에, 그 요구를 어떻게 프롬프트로 정제하느냐가 핵심이었습니다.

이어서 이렇게 만든 도구가 실제 운영 현장에서 어떤 식으로 적용됐는지, 그리고 어떤 변화를 만들었는지를 소개하겠습니다.

프롬프트 작성하기

Regex Maker를 만들면서 가장 먼저 부딪힌 건 GPT가 만들어주는 정규식이 **너무 길거나, 너무 범용적이거나, 엉뚱한 의미로 해석되는 경우**가 많았다는 점입니다. LLM은 문맥을 이해하긴 하지만 우리가 원하는 '운영자의

현실'까지는 몰라요. 그래서 프롬프트를 다음과 같이 설계했습니다.

- "기프티콘 판매 사기 게시글을 정규식으로 막고 싶다" → **운영자의 시점에서 요청**
- 그 뒤에는 "정규식은 짧고, 오탐이 적고, 운영팀이 실제 적용 가능한 형식으로"라는 조건을 **명시적으로 제시**
- 프롬프트에는 예시와 함께 "다음 문장에 맞는 정규식을 반환해줘. 단, 주석 없이, 단일 정규식만."이라는 **정제된 요청 문장**을 넣었습니다.

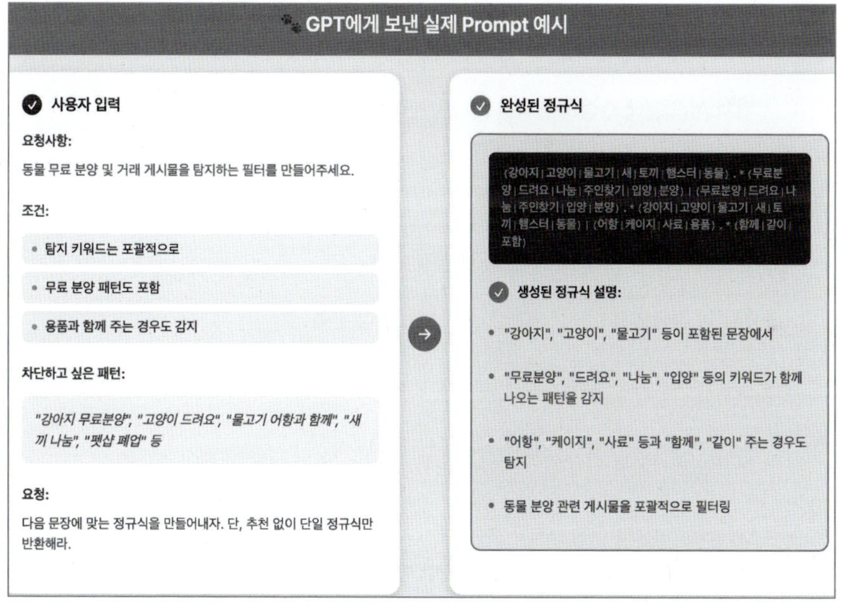

또한 이렇게 생성된 정규식을 바로 확인하고 테스트할 수 있도록, 프론트엔드에는 다음 요소들을 추가했습니다.

- 실제 게시글 샘플과 정규식 매칭 결과를 보여주는 테스트 영역

- 정규식이 유효하지 않은 경우, 에러 메시지를 알려주는 피드백
- 복사 버튼, 히스토리 저장 기능도 넣고 싶었지만 MVP 단계에선 제외

이 단계에서는 'LLM을 잘 쓰기 위해선, LLM이 뭘 모르는지를 아는 게 먼저'라는 교훈을 얻었습니다. 그 교훈 끝에 다음과 같은 몇 가지 전략을 마련할 수 있었습니다.

1. 코드를 새로 짜기보단 조립하기

- FastAPI, 리액트, 타입스크립트 템플릿을 그대로 복제해 사용했습니다.
- 커서 AI 덕분에 수정과 실행을 하나의 창에서 할 수 있었습니다.

2. LLM 프롬프트 설계에 시간을 더 쓸 것

- 기능의 70%는 프롬프트 품질에서 결정됐습니다.
- 응답이 일관되지 않으면 사용성은 바로 무너집니다.

3. 사용자 입장에서 설계하기

- 운영팀은 기술적 지식 없이 써야 하니까, 결과는 '읽기 쉬움'이 제일 중요했습니다.

4. 처음부터 완벽하려 들지 않기

- MVP로 시작하고, "팀원들이 써보고 피드백 준다"는 걸 목표로 잡았습니다.

이 두 도구를 만들면서 느꼈던 가장 큰 교훈은 '기술보다 문제 정의가 더 중요하다'는 점이었습니다. 어떤 모델을 쓸지, 어떤 프레임워크를 쓸지보다 더 중요한 건 운영자의 입장에서 정말 필요한 기능이 뭔지 파악하

는 것이었습니다.

- 이건 자동화할 만한가?
- 영자 입장에서 신뢰할 수 있는가?
- 사람이 개입하지 않아도 괜찮은 영역인가?

이 질문에 답할 수 있었기 때문에, 비개발자임에도 실제로 써먹을 수 있는 도구를 만들 수 있었던 것 같습니다.

마지막으로 이렇게 만든 도구들이 실제로 운영팀에서 어떻게 쓰였고, 어떤 효과를 냈는지 이야기해볼게요.

운영팀의 반응과 실제 적용기

도구를 만든다고 해서 바로 효과가 나는 건 아닙니다. 실제 운영 환경에 연결하고, 팀원들이 직접 써보는 과정까지 가야 진짜 자동화가 시작됩니다.

Regex Maker는 처음엔 테스트 페이지 형태로 만들어졌지만, 곧바로 내부 운영 도구에 붙여서 활용했습니다. 신고 접수 이후, 유사한 게시글을 자동으로 탐지하는 필터로 연결했죠. 예를 들어 "기프티콘 판매" 관련 사기 신고가 들어오면, 해당 키워드를 포함한 유사 게시글을 정규식 기반으로 추출하는 방식입니다.

• 운영 툴 내 Regex Maker 정규식 적용 예시 •

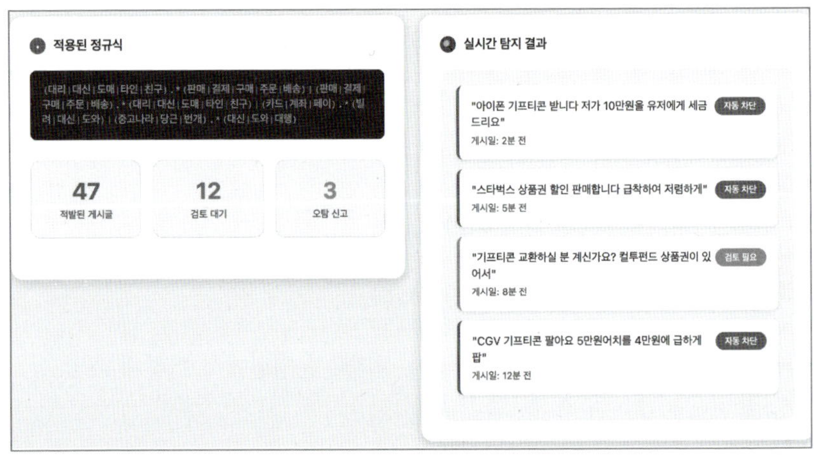

걱정 반 기대 반으로 슬랙이나 노션 템플릿으로 공유했더니, 어느새 팀원 몇 명이 먼저 써보기 시작했고, 이후엔 주간 운영 회의에서 다른 사람들에게도 소개했습니다. "정규식 쓸 줄 몰라도 프롬프트로 조금의 개인화를 할 수 있어서 너무 편해요", "GPT가 문장을 너무 길게 쓰긴 하는데, 그걸 잘 조율하면 쓸 만해요."

물론 모든 게 완벽하진 않았습니다. GPT가 정규식을 너무 길게 뽑을 때도 있었고, 유사도 비교 수치가 애매한 경우엔 사람이 다시 확인해야 했습니다. 하지만 반복 업무에서 '생각을 줄일 수 있다'는 것만으로도 팀원들은 만족해했습니다. 어떤 효과가 있었는지 간략히 표로 정리해봅니다.

항목	변화 전	변화 후	변화율
정규식 필터 작성 시간	평균 90~120분	평균 10~20분	-80%
동일 신고 유형 대응 시간	평균 60분	10분	-80%

이 과정에서 느낀 바를 정리해봅니다.

- 도구는 '만들었다'보다 '쓰였다'가 중요하다.
- 팀원들의 피드백을 반영하며 조금씩 개선하는 과정이 진짜 자동화다.
- 정형화된 반복 업무부터 시작해서, 운영팀이 자율적으로 사용하는 도구가 될 수 있다.

마치며 : 완전 자동화를 향한 다음 발걸음

Regex Maker는 저에게 첫걸음이었습니다. 분명 운영의 반복 작업을 줄이고, 팀의 효율을 높여주는 데 성공했지만, 시간이 지나면서 한계도 보이기 시작했습니다. 결국 저는 그 도구들을 더 이상 쓰지 않게 됐습니다. 이유는 단순했습니다. 더 나은 방향이 보였기 때문입니다.

운영 자동화의 궁극적인 형태는 '정규식도, 사람이 고치는 정책 문장도 필요 없는' 완전 자동화 구조라고 생각합니다. 신고가 들어오면 시스템이 그 내용을 파악하고, 정책에 기반한 판단을 스스로 내려서, 필요한 제재나 피드백까지 자동으로 생성하는 흐름. 마치 사람이 대응하는 것처럼, 하지만 더 빠르고 일관성 있게 말입니다.

지금 제가 고민하는 다음 단계는 이런 방향입니다.

- **정규식 없이 신고를 분류하는 LLM 기반 판단기**
  - 사기 유형, 광고 유형 등 신고 내용을 LLM이 직접 판단
  - 신고 내용에 맞는 제재 유형을 분류하고, 필요 시 대응 문구까지 생성

- **운영 정책에 대한 실시간 피드백 루프 만들기**
  - 실제 대응 기록 → LLM 학습 → 정책 문장 개선 제안까지 자동화
  - 운영 정책이 고여 있지 않고, 자동으로 업데이트되는 구조 만들기

이건 단지 기술적으로 흥미롭기 때문만이 아니라, 정말 운영팀이 '사람이 해야 하는 일'에 집중하는 구조라고 믿기 때문입니다.

이 자동화 프로젝트를 시작했을 때, 저는 단순히 'GPT로 뭐라도 한 번 해보자'는 마음이었습니다. 그런데 결국엔 그 실험이 팀의 일하는 방식을 바꾸고, **운영자도 문제를 정의하고 도구를 설계할 수 있다**는 걸 보여주는 경험이 됐습니다.

기술은 도구일 뿐입니다. 중요한 건 그 도구를 어디에 어떻게 쓸지를 아는 사람입니다. 서비스에서, 운영자는 맥락을 가장 잘 아는 사람입니다. 그래서 전 지금도 말하고 싶습니다.

"비개발자도, 운영자도, 문제 정의만 잘하면 AI 시대에 가장 강력한 문제 해결자가 될 수 있다."

앞으로 저는 이 경험을 더 확장해보고 싶습니다. 운영 정책 설계, 사기 대응 시스템, 사용자 보호 설계 등 실무의 문장들이 흐르는 곳에서 LLM이 더 많이 쓰일 수 있도록요. 그렇게 해서, 더 많은 운영자들이 생각하는 데 집중할 수 있는 환경을 만드는 데 기여하고 싶습니다. 지면에 밝힌 경험이 다른 운영자, 실무자에게 '나도 할 수 있겠다'는 작은 불씨가 되길 바랍니다.

✦ 06
작은 팀, LLM으로 큰 업무효율 내기

#LLM #업무자동화 #n8n #MCP #온콜자동화

Brave 박성준 Software Engineer

Key 김기혁 Software Engineer

새벽 3시, 울리는 슬랙 알람에 가슴 철렁한 경험, 없으신가요? 화면에는 암호 같은 에러 메시지만 떠 있고, 문제의 원인을 파악하기 위해 수많은 로그와 코드를 뒤져야 하는 막막한 밤. 개발자라면 누구나 한 번쯤 겪어봤을 '온콜 지옥'일 겁니다.

이 이야기는 단 5명으로 구성된 작은 팀이 어떻게 이 '온콜 지옥'에서 벗어나 개발 생산성을 극적으로 끌어올렸는지에 대한 생생한 기록입니다. 팀 리소스의 20%를 잡아먹던 반복적인 온콜 업무를 거대한 언어 모델이라는 '비밀 병기'로 자동화한 여정을 따라가다 보면, 여러분의 팀이 겪는 문제를 해결할 실마리를 발견하게 될지도 모릅니다. 저희가 어떻게 에러 대응 시간을 1시간에서 10분으로 단축하고, 팀원 모두가 개발에만 집중하는 환경을 만들었는지, 그 모든 과정을 지금부터 공개합니다.

끝없는 온콜의 늪, 작은 팀의 절규

저희 팀은 PM 1명과 백엔드 개발자 4명으로 구성된 작은 팀입니다. 당근 사용자의 가입부터 탈퇴까지 과정에 필요한 모든 인증을 담당하고 있습니다. 한국뿐만 아니라 캐나다, 미국, 일본, 영국까지 5개국에서 서비스를 제공하며, 수천만 명의 사용자를 단일 코드베이스로 관리하는 복잡한 시스템을 운영하고 있습니다.

당근 초창기에는 SMS 인증 방식의 단순한 가입 방식만 제공하고 있었습니다. 덕분에 시스템이 비교적 단순했고 이슈로 인한 대응 리소스가 큰 문제가 되지 않았습니다. 하지만 각 국가의 문화와 규정, 사용자의 환경에 맞게 국제 본인 인증이나 소셜 로그인과 같은 기능이 추가되었고 이로 인해 시스템 복잡도는 기하급수적으로 증가했습니다. 특히 복잡도가 높아지면서 이슈에 대응하는 온콜 업무가 팀 전체의 발목을 잡기 시작했습니다.

당근이 지원하는 인증 방식은 정말 다양합니다. 국가별로 서로 다른 인증 요구사항을 충족시켜야 했고, 이는 문제 해결을 훨씬 어렵게 만들었습니다. 현재 지원하는 인증 방식을 정리하면 다음과 같습니다.

- **한국** : 통신사 기반 본인 인증, SMS OTP, 이메일 OTP
- **미국, 캐나다, 영국** : 국제 본인 인증, SMS OTP, 보이스 콜 인증
- **일본 소셜 로그인** : 라인, 애플

단순해보이는 "로그인이 안 돼요"라는 문의 하나를 처리하려면 정말 많은 것을 확인합니다. 사용자가 어느 국가에 있는지, 어떤 인증 방식을 사용하는지, 앱과 OS 버전은 무엇인지, 인증 제공업체의 서비스는 정상인지 등 한두 가지가 아니었습니다. 특히 구버전 앱이나 OS를 사용하는 사용자들 때문에 예상치 못한 문제가 자주 발생했습니다. 간단해 보이는 문의도 평균 1시간 이상 걸렸고, 복잡한 때는 반나절 이상 매달려야 했습니다.

매주 돌아가며 온콜을 담당하는 시스템은 생각보다 팀에 큰 부담이 되었습니다. 온콜 담당 주간에는 중요한 개발 작업을 진행하기 어려웠고, 계획했던 업무도 최소한으로 줄여야 했습니다. 가장 힘든 점은 언제 어떤 문의가 들어올지 예측할 수 없다는 거였어요.

글로벌 서비스다 보니 새벽에도 문의가 들어왔고, 복잡한 이슈는 하루 종일 붙잡고 있어야 했습니다. 개발하다가도 긴급 대응을 위해 작업을 중단해야 했고, 이런 잦은 컨텍스트 스위칭은 집중력을 크게 떨어뜨렸죠. 결국 계획했던 업무를 끝내려면 야근을 해야 했고, 이런 상황이 반복되면서 팀원들의 피로도가 쌓여갔습니다.

이런 문제를 해결하기 위해 처음에는 웹 어드민 도구를 만들려고 했습니다. 하지만 당장 급한 다른 업무들에 밀려 계속 미뤄졌죠. 5명밖에 안 되는 작은 팀에서 추가 개발 리소스를 할당하기란 쉽지 않았습니다. 그러던 중 회사 전체적으로 AI를 업무에 적극 활용하자는 분위기가 만들어졌습니다. 처음엔 반신반의했지만, LLM이 우리의 복잡한 시스템을 이해하고 온콜 업무를 도와줄 수 있지 않을까 하는 기대를 갖고 실험을 시작했습니다. 그리고 그 결과는 예상을 훨씬 뛰어넘었습니다.

이어서 LLM에게 팔과 다리를 연결하는 MCPModel Context Protocol가 무엇인지, 어떻게 동작하는지 자세히 알아보겠습니다. 이를 통해 LLM으로 사내의 유용한 정보에 접근하여 업무에 실질적인 도움을 줄 수 있는 방안을 얻게 될 겁니다.

외부 세계와 연결하는 MCP

LLM이 아무리 똑똑한들, 우리 시스템의 실제 데이터에 접근할 수 없다면 그저 '말 잘하는 챗봇'에 불과합니다. LLM이 실제 업무에서 강력한 힘을 발휘하려면 우리가 사용하는 시스템과 직접 소통하고 상호작용할 수 있어야 합니다. MCP는 바로 이 단절된 LLM과 외부 세계를 잇는 견고한 다리 역할을 합니다.

개발자라면 일상적으로 특정 커밋의 변경 사항을 확인하는 경우가 빈번합니다. 다음과 같이 터미널을 열고 직접 명령어를 입력해서 결과를 확인할 수 있습니다.

터미널

```
cd project  # 프로젝트로 이동
git log -1  # 프로젝트의 가장 최신 커밋 조회
```

이 명령어를 실행하면 커밋 해시, 작성자, 날짜, 커밋 메시지 등 상세한 정보를 확인할 수 있습니다.

```
commit c8bf388bad9bf350b513c562bba22868bc976247 (HEAD -> master, origin/master, origin/HEAD)
Author: ...
Date:   Wed Apr 16 22:48:06 2025 -0700
... (중략)
```

하지만 여기서 한 가지 생각해볼 점이 있습니다. 이런 작업을 하려면 cd, git log 같은 명령어를 알고 있어야 하고, 터미널 사용법도 익숙해야 합니다. 만약 "가장 최근 커밋 내용 알려줘"라고 자연어로 물어보기만 해도 같은 결과를 얻을 수 있다면 어떨까요?

MCP는 바로 이런 상상을 현실로 만들어줍니다. LLM이 우리 대신 명령어를 실행하고, 결과를 이해하기 쉽게 정리해서 보여주는 겁니다.

MCP의 구조 살펴보기

MCP가 등장하기 전에는 LLM과 외부 시스템을 연결하는 표준화된 방법이 없었습니다. 각자 나름의 방식으로 구현했기 때문에 호환성도 떨어지고 유지보수도 어려웠죠. 2024년 말 앤트로픽이 MCP를 공개하면서 상황이 달라졌습니다. 표준화된 프로토콜 덕분에 개발자들이 쉽게 LLM과 외부 시스템을 연결할 수 있게 되었고, 커뮤니티에서도 활발하게 활용되기 시작했습니다.

• 구글 트렌드에서 확인한 MCP 검색 트렌드 •

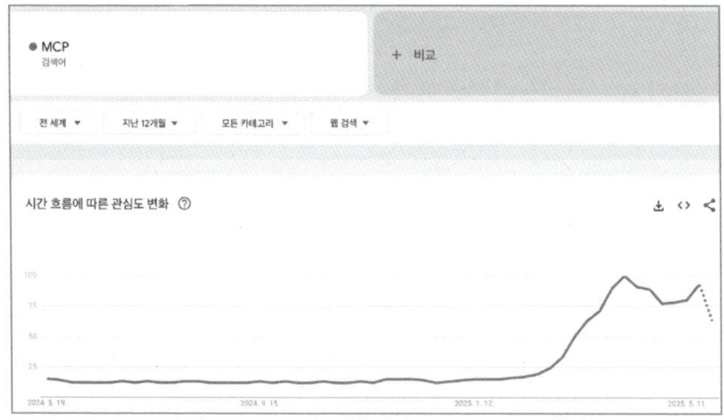

MCP는 크게 세 가지 구성 요소로 이루어져 있습니다. 호스트는 클로드나 커서 AI 같은 서비스를 의미합니다. 클라이언트는 호스트 안에서 MCP 서버와 1:1 연결을 유지하는 역할을 합니다. 서버는 MySQL, 레디스Redis 같은 데이터소스에 접근하거나 파일에 접근하는 등 클라이언트의 요청을 실제로 수행하는 역할을 담당합니다.

• MCP의 기본 아키텍처 •

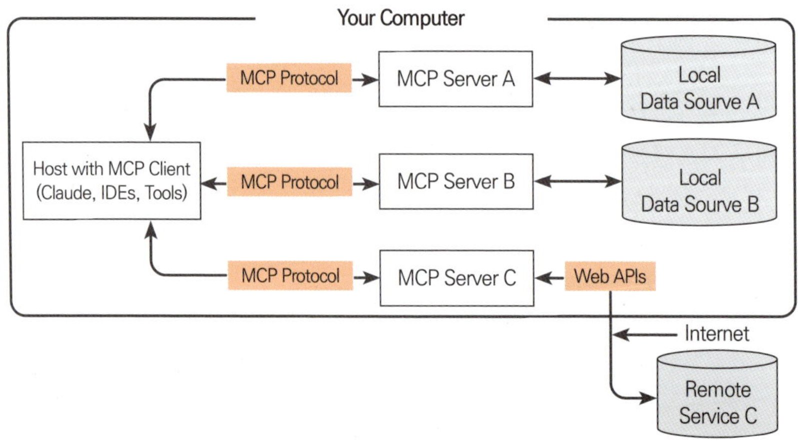

MCP 직접 사용해보기

이제 MCP를 사용해서 LLM에게 "가장 최근 커밋 내용 알려줘"라고 직접 시켜보겠습니다. 먼저 클로드 데스크톱Claude Desktop을 설치해야 합니다. https://claude.ai/download에서 내려받을 수 있습니다.

클로드를 설치했다면 MCP 서버를 설치해보겠습니다. 파일 읽기, 분석 등 다양한 명령을 수행할 수 있는 **데스크탑 커맨더 MCP를** 사용해보겠습니다. smithery.ai에서 데스크탑 커맨더 MCP를 다운로드받을 수 있습니다. 다음 링크에 접속해주세요.

- https://smithery.ai/server/@wonderwhy-er/desktop-commander

그후 깃허브 계정으로 로그인을 합니다. 그러면 웹 페이지 오른쪽 영역에 다름과 같이 설치 명령어를 알려주는 창이 보입니다. **[Copy]** 버튼을 클릭해서 설치 명령어를 복사합니다.

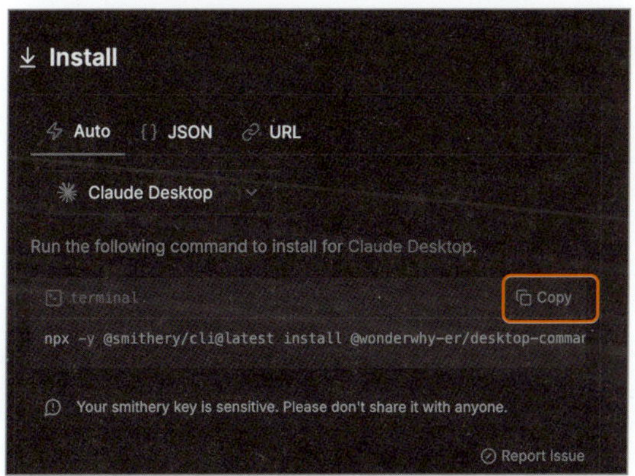

복사된 설치 명령은 다음과 같은 내용입니다. 이 명령을 터미널에서 실행해주세요.

```
npx -y @smithery/cli@latest install @wonderwhy-er/desktop-commander
--client claude --key <your-key>
```

TIP your-key는 본인만 알 수 있는 암호키입니다. 외부로 유출되지 않게 주의해주세요!

설치가 완료되면 테스트를 위해 Git 저장소를 하나 준비해보겠습니다. 예시로 Go 언어의 공식 저장소를 클론하겠습니다.

```
git clone https://github.com/golang/go.git
```

이제 클로드 데스크톱을 열고 자연어로 요청해보세요. 예를 들어 "/Users/key/workspace/go에서 가장 최근 커밋 내용을 알려줘"라고 입력하면, 클로드가 자동으로 필요한 명령어를 생성하고 실행합니다.

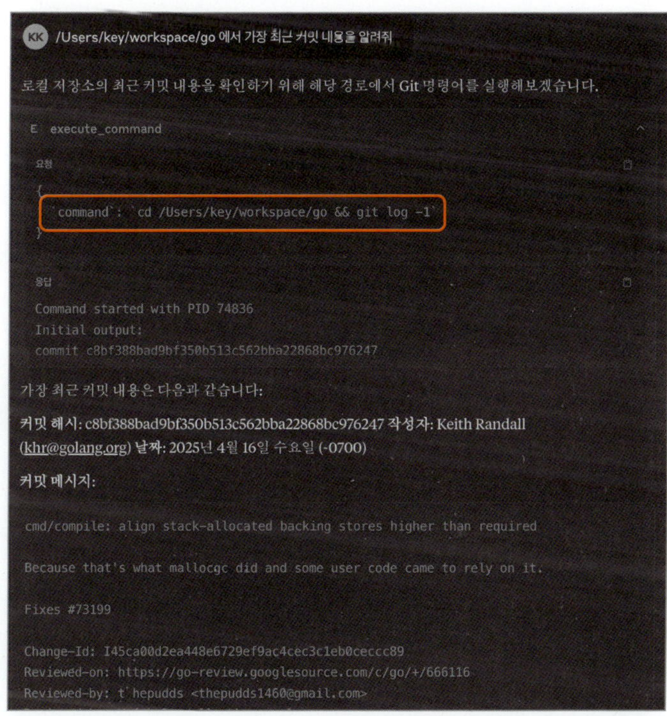

클로드가 내부적으로 어떤 일을 하는지 살펴보면 흥미롭습니다. 사용자의 자연어 요청을 분석해서 다음과 같은 명령어를 생성하고 실행했습니다.

```
command: cd /Users/key/workspace/go && git log -1
```

MCP 서버는 이 명령을 받아서 실제로 실행하고, 그 결과를 다시 클로드에게 전달합니다. 클로드는 이 결과를 사용자가 이해하기 쉬운 형태로 정리해서 보여주죠.

> TIP execute_command가 실제로 어떻게 동작하는지 궁금하다면 다음 링크를 참조하세요.
>
> • https://github.com/wonderwhy-er/DesktopCommanderMCP/blob/main/src/tools/execute.ts

이어서 온콜 업무 자동화를 위해 구축한 MCP 서버들을 소개할게요. 각 서버가 어떤 역할을 하고, 어떻게 LLM과 연동되는지 구체적으로 살펴보겠습니다.

직접 구축한 MCP 서버를 소개합니다

LLM이 우리 대신 온콜 업무를 처리하려면 실제 시스템의 데이터에 접근할 수 있어야 합니다. 하지만 무작정 모든 데이터베이스를 열어줄 수는 없죠. 보안도 중요하고, LLM이 예상치 못한 동작을 할 위험도 있으니까요. 이런 고민 끝에 필요한 데이터만 안전하게 제공할 수 있는 MCP 서버들을 구축하기로 했습니다. 이제부터 우리가 구축한 MCP 서버들을 하나씩 소개해드릴게요.

gRPC : 실시간 정보 조회

처음에는 메인 데이터베이스를 그대로 MCP로 연결하는 방안을 검토했습니다. 하지만 이건 너무 위험했습니다. LLM이 실수로라도 개인 정보에 접근하거나 민감한 데이터를 조회할 가능성이 있었거든요. 그래서 gRPC* 를 통한 접근 방식을 선택했습니다. gRPC는 미리 정의된 인터페이스를 통해서만 데이터를 주고받기 때문에, LLM이 접근할 수 있는 범위를 명확하게 제한할 수 있었습니다. 필요한 정보만 딱 필요한 형태로 제공하는 겁니다.

gRPC는 주로 사용자의 실시간 정보를 조회하는 진입점 역할을 합니다. 여기서 기본적인 정보를 얻고, 더 상세한 분석이 필요하면 빅쿼리나 서버 로그 같은 다른 MCP 도구를 활용하는 방식으로 설계했습니다.

데이터 조회뿐만 아니라 변경 작업도 gRPC를 통해서만 가능하도록 했습니다. 예를 들어 사용자의 계정 관련 제어 기능은 다음과 같이 구현했습니다.

```
@mcp.tool
def delete_restriction_by_device_id(device_id: str) -> str:
    """ device_id를 기반으로 모든 제약조건을 해제 """

    stub = account_rpc_v1_client.get_stub()
    request = account_rpc_v1_client.DeleteRestriction(device_
id=device_id)
    stub.DeleteRestriction(request)

    return json.dumps({"success": True})
```

* gRPC : 구글이 개발한 오픈 소스 RPC(Remote Procedure Call) 프레임워크입니다. 서비스 간 통신을 위한 고성능 프로토콜로, 인터페이스를 명확하게 정의할 수 있다는 장점이 있습니다.

이렇게 하면 LLM이 데이터베이스를 직접 수정하는 것보다 훨씬 안전하고, 일관된 동작을 보장할 수 있습니다.

빅쿼리 : 데이터 기반 분석 지원

당근은 데이터 기반으로 의사결정을 내리는 문화가 강합니다. 그래서 보안상 문제없는 데이터는 빅쿼리에 모아서 팀 간에 공유하고 있습니다. 문제는 이 데이터가 너무 방대하다는 겁니다. 수십 개의 테이블과 수백 개의 컬럼이 있는데, 각각이 무엇을 의미하는지 파악하기도 어렵고, 어떤 맥락에서 만든 데이터인지 알기도 힘듭니다. 결국 데이터는 많은데 제대로 활용하지 못하는 상황이 자주 발생했습니다.

빅쿼리 MCP 서버는 이런 문제를 해결해줬습니다. SQL 문법과 DB 구조를 모르더라도 자연어로 질문하면 LLM이 알아서 쿼리를 작성하고 결과를 분석합니다. “지난주 캐나다 사용자들의 로그인 패턴이 어땠는지 알려줘”라고 물으면, LLM이 적절한 테이블을 찾아서 쿼리를 실행하고 결과를 요약해줍니다.

```
@mcp.tool
def analyze_by_bigquery(query: str) -> str:
    """ 당근의 정보 분석 도구 """
    query_job = bigquery_client.query(query)
    rows = query_job.result()
    return _format_query_result(rows)
```

덕분에 다른 팀에 일일이 물어보지 않아도 필요한 데이터를 빠르게 얻을 수 있게 되었습니다.

센트리 : 에러 상황 신속 파악

온콜 업무의 큰 부분을 차지하는 게 바로 에러 대응입니다. 센트리Sentry는 예상치 못한 서버 에러나 클라이언트 에러가 발생하면 즉시 알림을 보내주는 도구입니다. 스택 트레이스를 제공해서 어디서 에러가 발생했는지 빠르게 파악할 수 있습니다. 하지만 스택 트레이스만으로는 한계가 있습니다. 왜 그 에러가 발생했는지, 어떤 상황에서 일어났는지 파악하려면 추가적인 조사가 필요합니다. 센트리 MCP는 이런 조사 과정을 자동화해 줍니다.

에러 알림이 오면 센트리 MCP가 해당 에러의 상세 정보를 가져오고, 필요하면 깃허브 MCP나 서버 로그 MCP와 연계해서 더 깊이 있는 분석을 수행합니다. 그 결과를 종합해서 에러의 원인과 해결 방법을 제시하는 겁니다.

깃허브 : 코드 레벨의 원인 분석

센트리가 에러가 발생한 위치를 알려준다면, 깃허브 MCP는 그 위치의 실제 코드를 보여줍니다. 단순히 "line 146에서 에러 발생"이라는 정보만으로는 뭐가 문제인지 알기 어렵습니다. 실제 코드를 봐야 왜 그런 에러가 발생했는지 이해할 수 있습니다.

깃허브 MCP는 에러가 발생한 파일의 코드를 가져올 뿐만 아니라, 관련된 다른 파일들도 탐색합니다. 함수 호출 관계를 따라 가면서 문제의 근본 원인을 찾아내는 겁니다. LLM은 이 정보를 종합해서 에러가 긴급한 대응이 필요한지, 아니면 다음 배포 때 수정해도 되는지 판단해줍니다.

데이터도그 : 서비스 간 연관성 파악

마이크로서비스 환경에서는 하나의 요청이 여러 서비스를 거쳐갑니다. 우리 서비스에서 에러가 났지만, 실제 원인은 외부 서비스의 문제일 수도 있습니다. 데이터도그Datadog는 이런 복잡한 상황을 한눈에 파악하는 도구입니다. 이렇게 구축한 5개의 MCP 서버는 각자의 역할을 충실히 수행하면서도 서로 유기적으로 연동됩니다. 이어서 이런 MCP 서버들을 n8n이라는 워크플로 도구와 연결해서 어떻게 강력한 자동화 시스템을 만들었는지 알아보겠습니다.

n8n으로 워크플로 자동화하기

MCP 서버들을 구축했지만, 이것만으로는 부족했습니다. 각 MCP가 제공하는 정보를 종합하고, 복잡한 업무 흐름을 자동화하려면 이들을 연결하는 도구가 필요했습니다. 오픈 소스 워크플로 자동화 도구 n8n을 도입해서 단순 반복 업무를 자동화하고, 복잡한 온콜 대응 프로세스도 체계화할 수 있었습니다. 이렇게 이런 일이 가능했는지 차근차근 살펴보겠습니다.

n8n의 강력한 통합 기능

n8n이 다른 자동화 도구들과 차별화되는 가장 큰 특징은 통합의 용이성입니다. 2025년 5월 기준으로 약 1,000개가 넘는 서비스와 바로 연동할 수 있습니다. 우리가 일상적으로 사용하는 슬랙, 구글 시트, 지메일은 물론이고, 최신 AI 서비스들까지 폭넓게 지원합니다. 특히 중요하게 여긴 건 AI 에이전트 기능이었습니다. 챗GPT, 클로드, 제미나이 같은 LLM들을 워크플로에 쉽게 통합할 수 있었고, 앞서 구축한 MCP 서버들과도 자연스럽게 연동할 수 있었습니다.

• n8n 통합 서비스 목록 •

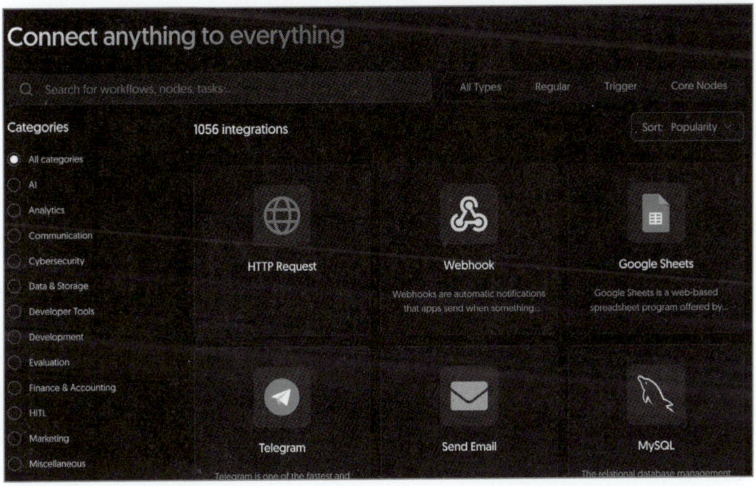

n8n 설치하고 시작하기

n8n은 도커로 간단하게 설치할 수 있습니다. 복잡한 설정 없이 몇 줄의 명령어로 바로 시작할 수 있다는 점이 매력적이었습니다. 먼저 데이터를 저장할 볼륨을 생성하고 n8n 컨테이너를 실행합니다.

✦ 명령어 형식

```
docker volume create n8n_data
docker run -it --rm --name n8n -p 5678:5678 -v
n8n_data:/home/node/.n8n docker.n8n.io/n8nio/n8n
```

실행이 완료되면 다음과 같은 메시지를 볼 수 있습니다.

✦ 명령어 형식

```
...
license SDK] Skipping renewal on init because renewal is not due yet
or cert is not initialized
Version: 1.93.0

Editor is now accessible via:
http://localhost:5678

Press "o" to open in Browser.
```

브라우저에서 http://localhost:5678로 접속하면 n8n의 깔끔한 인터페이스가 반겨줍니다.

• n8n 시작 페이지 그림 •

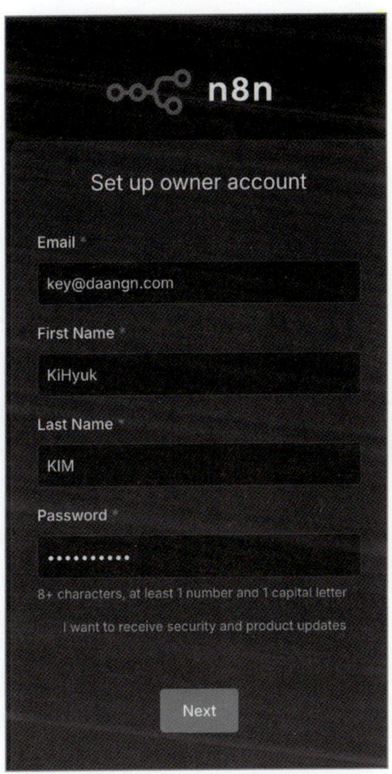

AI 에이전트 설정하기

n8n의 진가는 AI 에이전트를 활용할 때 발휘됩니다. 계정을 만들고 나면 "Test a single AI Agent example"이라는 예제를 볼 수 있는데, 이걸 통해 기본적인 동작 방식을 이해할 수 있습니다.

• Test a single AI Agent example •

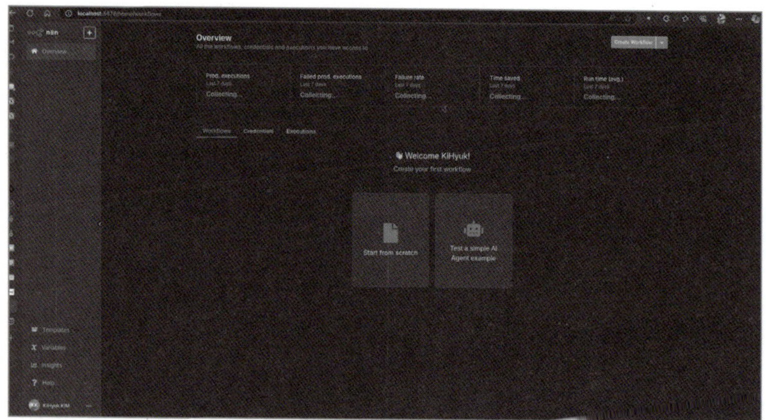

이 예제는 사용자의 자연어 입력을 받아서 AI가 처리하고 응답하는 간단한 워크플로입니다. 하지만 이 간단한 구조가 무궁무진한 가능성을 품고 있습니다.

• n8n AI 에이전트 예제 화면 •

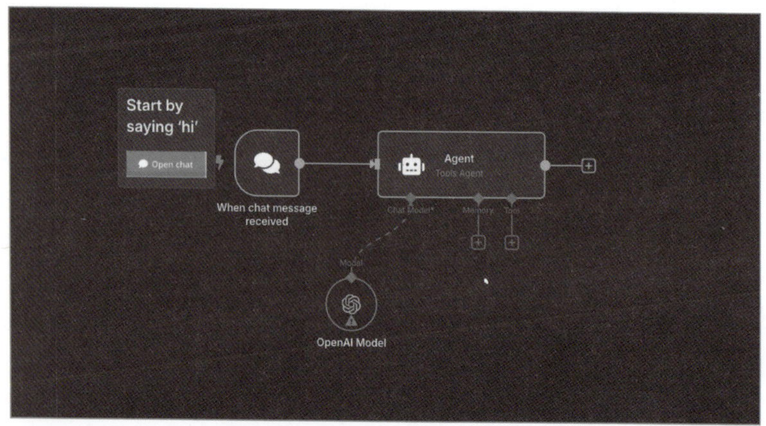

AI 에이전트의 핵심은 프롬프트 설정입니다. 사용자 메시지를 어떻게 해석할지, 어떤 형태로 응답할지를 명확하게 지정해야 합니다. 예를 들어 고객 문의를 자동으로 분류하는 에이전트를 만든다고 해보겠습니다. 우선 입력 프롬프트를 다음과 같이 설정해보겠습니다.

✦ 입력 프롬프트

```
다음은 고객으로부터 받은 이메일입니다.
당신은 이 이메일을 읽고, 내용에 맞는 카테고리를 판단해야 합니다.

카테고리는 아래 중에서 하나만 선택해야 합니다:
["요금 문의", "기술 문제", "기능 요청", "일반 문의", "불만 사항"]

가능한 경우, 카테고리 판단의 확신 정도를 0.0에서 1.0 사이의 숫자로 표시
하십시오.
반드시 다음과 같은 JSON 형식으로만 응답하십시오.

--- 고객 이메일 시작 ---
{{ $json.chatInput }}
--- 고객 이메일 끝 ---
```

출력 프롬프트는 다음과 같이 설정했습니다.

✦ 출력 프롬프트

```
당신은 고객 문의 이메일을 분류하는 AI 비서입니다.
고객의 이메일 내용을 분석하여 다음 카테고리 중 하나로 분류하십시오:
["요금 문의", "기술 문제", "기능 요청", "일반 문의", "불만 사항"]

항상 다음 형식의 JSON으로 응답하십시오:
{ "category": "<카테고리명>", "confidence": "<0.0~1.0 사이의 숫자>" }
```

추론 과정이나 설명은 하지 마세요.

이렇게 설정하면 AI 에이전트가 다음과 같이 일관되고 정확한 형식으로 응답합니다.

✦ 입력 프롬프트

"서버 비용이 저번달에는 $100,000 였는데 이번달에는 $200,000가 청구되었습니다. 왜 그런 건니까?"

✦ 출력

{ "category": "요금 문의", "confidence": "0.92" }

• 에이전트에 OpenAI Model을 연동한 화면 그림 •

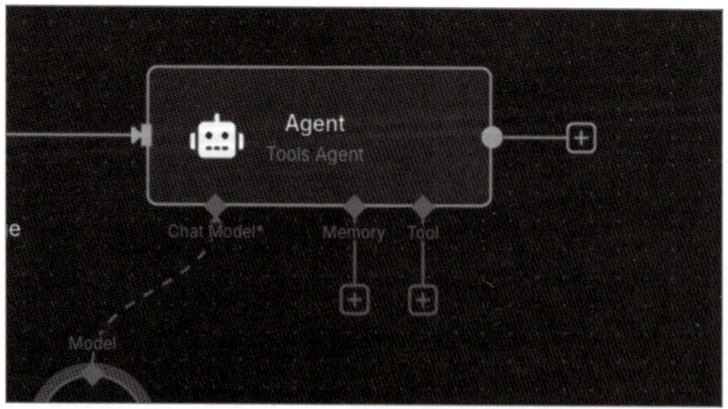

더 나아가 n8n에서 제공하는 구글 캘린더, 슬랙 등 여러 서비스와 AI 에이전트를 연동하여 다양한 워크플로를 구성할 수 있습니다. 예를 들어

"15시~17시에 @identityServiceTeam 모두 들어갈 수 있는 회의실을 예약해주고, 참석자들에게 슬랙 알람 발송해줘"와 같은 복잡한 작업도 자동화할 수 있습니다.

실전 사례 1 : 국가별 가입자 수 변화 분석 리포트

이제 실제로 우리가 구축한 시스템으로 어떤 성과를 거뒀는지 구체적인 사례를 통해 살펴보겠습니다. 첫 번째 사례는 매일 아침 팀원들이 가장 먼저 확인하던 지표 분석 업무를 자동화한 이야기입니다. 당근은 한국뿐만 아니라 북미, 영국, 일본에서도 서비스를 제공하고 있습니다. 우리 팀은 각 국가별 가입자 수와 로그인 지표를 매일 확인해야 했습니다. 특정 국가에서 가입이나 로그인에 문제가 생기면 빠르게 대응해야 하니까요.

매일 아침 출근하면 가장 먼저 하는 일이 빅쿼리를 열어서 전날 지표를 확인하는 거였습니다. 각 국가별로 신규 가입자 수, 로그인 성공률, 인증 실패 원인 등을 SQL로 조회하고, 엑셀에 옮겨서 전일 대비 변화를 계산하고, 이상 징후가 있는지 분석하는 과정이었습니다.

이 작업만 매일 30분에서 1시간은 걸렸습니다. 더 큰 문제는 사람이 하는 일이다 보니 실수가 있다는 거였죠. 한 번은 쿼리를 잘못 작성해서 일본 지표를 캐나다 지표로 착각한 적도 있었습니다. 다행히 큰 문제로 이어지진 않았지만, 이런 반복적인 수작업은 누구나 실수할 수 있는 환경이었습니다. 이 문제를 직접 해결하기로 했습니다. 개발자가 아님에도 불구하고 n8n을 활용해서 지표 분석 봇을 만들었습니다. 바로 '신규 가입자 지표 요약봇'입니다.

• 신규 가입자 지표 요약봇 •

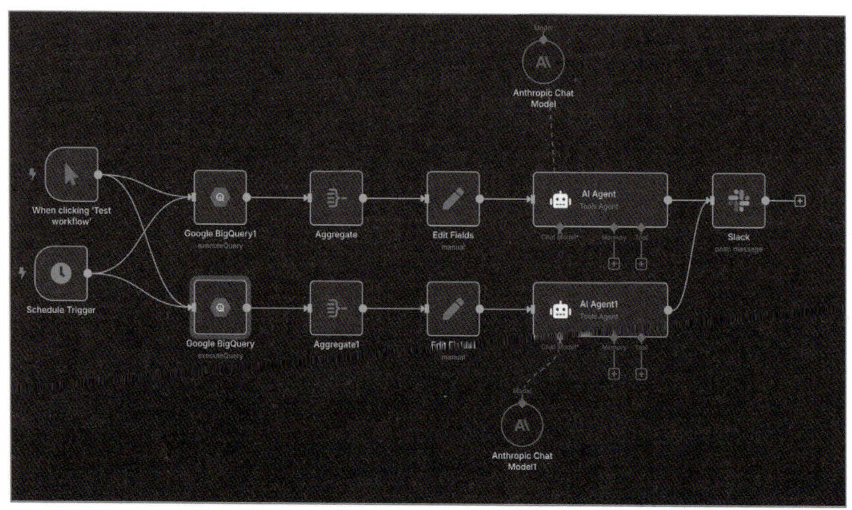

이 봇의 동작 방식은 간단하면서도 효과적입니다.

1 **매일 오전 9시 자동 실행** : 크론 스케줄러로 정해진 시간에 워크플로 시작

2 **빅쿼리에서 데이터 추출** : 각 국가별 가입자, 로그인, 인증 관련 지표 조회

3 **데이터 집계 및 분석** : 전일 대비 변화율 계산, 이상 징후 감지

4 **LLM으로 인사이트 도출** : 수치의 의미를 해석하고 주목할 만한 변화 포인트 정리

5 **슬랙으로 결과 전송** : 팀 채널에 보기 좋게 정리된 리포트 발송

• 신규 가입자 지표봇 슬랙 메시지 그림 •

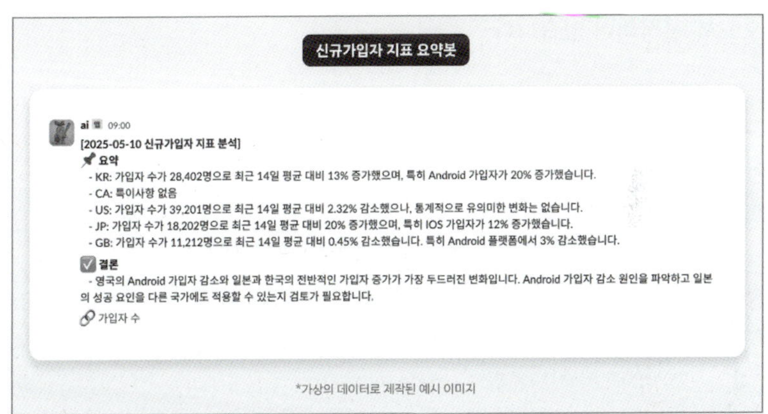

결과물을 보면 LLM이 데이터를 분석해서 "캐나다 신규 가입자가 전주 대비 15% 증가했는데, 이는 최근 진행한 프로모션 효과로 보입니다"처럼 의미 있는 인사이트를 제공합니다.

코딩을 잘 모르는 PM도 n8n의 드래그 앤 드롭 인터페이스로 이런 복잡한 워크플로를 만들 수 있다는 게 놀라웠습니다. 덕분에 팀원들은 매일 아침 반복되던 지표 확인 작업에서 해방되어 더 중요한 개발 업무에 집중할 수 있게 되었습니다.

실전 사례 2 : 에러 실시간 분석 '에러박사'

두 번째 사례는 온콜 담당자들의 가장 큰 고민거리였던 에러 대응을 자동화한 이야기입니다. 우리 팀은 24시간 서비스 안정성을 위해 센트리로 에러를 모니터링하고 있습니다. 에러가 발생하면 즉시 슬랙으로 알림이 오도록 설정되어 있습니다.

• 슬랙 에러 알림 예시 •

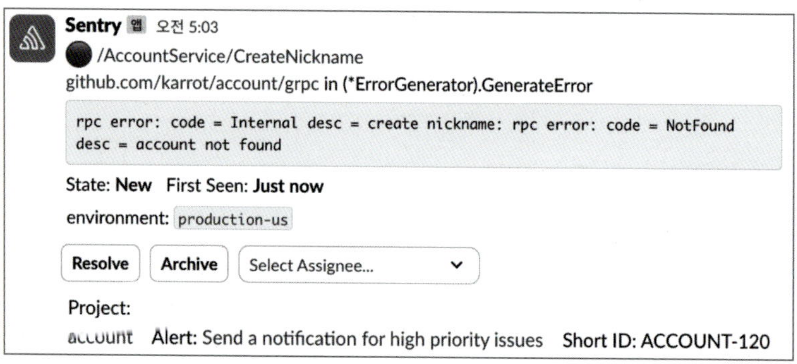

새벽 5시, 슬랙 알림 소리에 잠에서 깬 온콜 담당자. 화면에는 "rpc error: code = Internal desc = account not found"라는 메시지가 떠 있습니다. 이 짧은 메시지만으로는 도대체 무슨 일이 일어났는지 알 수가 없죠. 머릿속에는 수많은 질문이 떠올라요. 이 에러가 얼마나 자주 발생하고 있을까? 특정 사용자에게만 발생하는 문제일까? 아니면 전체적인 장애일까? 긴급하게 대응해야 할까, 아니면 내일 아침에 확인해도 될까?

결국 노트북을 열고 센트리에 접속해서 에러 상세 정보를 확인하고, 서버 로그를 뒤져서 전후 상황을 파악하고, 코드를 열어서 어디서 문제가 발생했는지 추적합니다. 이 과정만 30분에서 1시간은 걸리죠. 그리고 대부분의 경우, 긴급한 대응이 필요 없는 일시적인 에러인 경우가 많았습니다. 특히 글로벌 서비스다 보니 시차가 다른 국가에서도 에러가 발생합니다. 미국, 캐나다, 영국 사용자들의 활동 시간은 한국의 새벽 시간대와 겹치죠. 온콜 담당자는 24시간 내내 언제 울릴지 모르는 알람에 시달려야 했습니다.

이런 문제를 해결하기 위해 우리는 '에러박사'라는 자동화 시스템을 만들었습니다. 앞서 구축한 MCP 서버들을 활용하면 LLM이 에러를 분석하고 해결책까지 제시할 수 있지 않을까 하는 아이디어에서 출발했습니다.

에러박사가 추구하는 목표는 명확했습니다.

1 **에러의 중요도 자동 판단** : 긴급 대응이 필요한지, 아니면 업무 시간에 처리해도 되는지

2 **초기 대응 시간 단축** : 에러의 원인과 영향 범위를 빠르게 파악해서 대응 방향 제시

에러박사의 작동 원리

에러박사는 여러 MCP 서버를 조합해서 에러를 다각도로 분석합니다. 단순히 에러 메시지만 보는 게 아니라, 서버 로그/코드 등을 활용해 전체적인 맥락을 파악하는 겁니다. 활용한 MCP 도구들의 역할을 살펴보겠습니다.

센트리 MCP는 센트리 이벤트의 상세 정보를 가져옵니다. 에러가 언제, 어디서, 어떤 상황에서 발생했는지 파악할 수 있습니다. MCP를 통해 다음과 같은 JSON 응답을 받을 수 있습니다.

```
{
  "event_id": "2646672bed",
  "title": "/AccountService/CreateNickname: rpc error: code =
Internal desc = account not found",
  "timestamp": "2025-05-20T11:31:27Z",
  "client_info": { "version": "karrot 12.34.1" },
  "environment": "production-us",
  "trace": {
    "trace_id": "50e988",
    "span_id": "8fbb22"
  },
  "stacktrace": [
    { "file": "/account/handler/v3/create_nickname.go:146" },
    { "file": "/account/handler/v3/server.go:316" }
  ]
}
```

깃허브 MCP로 에러가 발생한 코드를 직접 확인합니다. 스택 트레이스에 나온 파일과 라인 번호의 실제 코드를 가져와서 문제의 원인을 분석합니다. MCP를 통해 다음과 같은 JSON 응답을 받을 수 있습니다.

```
{
  "file": {
    "name": "create_nickname.go",
    "path": "handler/v3/create_nickname.go",
    "ref": "main",
    "sha": "abcdef1234567890abcdef1234567890abcdef12",
    "size": 1980,
    "url": "https://github.com/account/handler/v3/create_nickname.
go",
```

```
    "encoding": "utf-8",
    "content_snippet": "// 실제 코드 내용..."
  }
}
```

데이터도그 MCP로는 에러가 발생한 요청의 전체 흐름을 추적합니다. 우리 서비스뿐만 아니라 연관된 다른 서비스의 상태도 함께 확인할 수 있습니다. MCP를 통해 다음과 같은 JSON 응답을 받을 수 있습니다.

```
{
  "trace_id": "abc1230000000000987654321fedcba",
  "timestamp": "2025-06-01T10:15:30.000Z",
  "environment": "production-us",
  "services": [
    {
      "name": "identity",
      "role": "server",
      "method": "/AccountService/CreateNickname",
      "status": "error",
      "duration_ns": 95432871,
      "error_message": "user account not found"
    },
    {
      "name": "policy",
      "role": "server",
      "method": "/PolicyService/CheckNicknameAvailability",
      "status": "OK"
    }
  ]
}
```

멀티턴 방식의 워크플로

멀티턴Multi-turn은 여러 번의 대화를 주고받으며 작업을 수행하는 방식입니다. 한 번에 모든 걸 처리하는 싱글턴과 달리, 각 단계에서 중간 결과를 확인하고 다음 단계로 넘어가죠. 마치 요리할 때 재료 손질, 조리, 플레이팅을 순서대로 하는 것처럼 복잡한 작업을 작은 단위로 나누어 처리하는 겁니다.

처음에는 모든 정보를 한 번에 분석하려고 했습니다. 하지만 LLM에게 너무 많은 정보를 한꺼번에 주면 중요한 내용을 놓치거나 엉뚱한 분석을 하는 경우가 많았죠. 그래서 단계별로 나누어 처리하는 멀티턴 방식을 채택했습니다. 에러박사의 분석 프로세스는 다음과 같습니다.

1 **에러 식별 :** 센트리 에이전트가 슬랙 메시지에서 issue_id를 추출하고 기본 정보 수집

2 **흐름 파악 :** Trace 에이전트가 데이터도그를 통해 요청의 전체 경로와 관련 서비스 확인

3 **로그 분석 :** 서버 로그 MCP로 에러 전후의 상세 로그 확인

4 **코드 분석 :** 깃허브 MCP로 에러 발생 지점의 코드와 관련 파일 분석

5 **종합 판단 :** 솔루션이 모든 정보를 종합해 원인과 해결책 제시

6 **결과 전달 :** 분석 결과를 읽기 쉬운 형태로 정리해 슬랙 댓글로 작성

• 솔루션 AI 에이전트 •

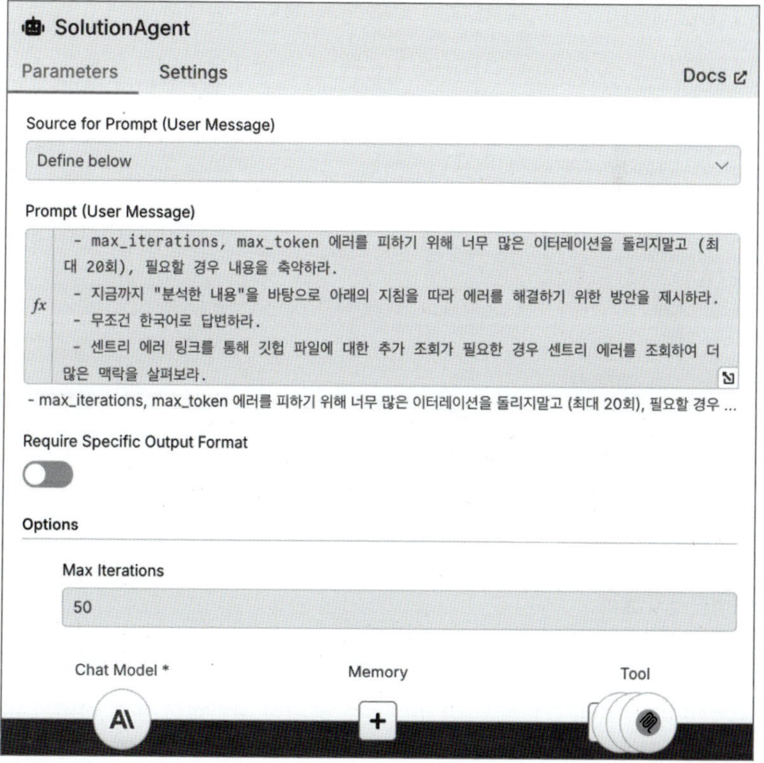
SolutionAgent
Parameters
Settings
Docs
Source for Prompt (User Message)
Define below
Prompt (User Message)
- max_iterations, max_token 에러를 피하기 위해 너무 많은 이터레이션을 돌리지말고 (최대 20회), 필요할 경우 내용을 축약하라.
- 지금까지 "분석한 내용"을 바탕으로 아래의 지침을 따라 에러를 해결하기 위한 방안을 제시하라.
- 무조건 한국어로 답변하라.
- 센트리 에러 링크를 통해 깃헙 파일에 대한 추가 조회가 필요한 경우 센트리 에러를 조회하여 더 많은 맥락을 살펴보라.
- max_iterations, max_token 에러를 피하기 위해 너무 많은 이터레이션을 돌리지말고 (최대 20회), 필요할 경우 ...
Require Specific Output Format
Options
Max Iterations
50
Chat Model *
Memory
Tool

• 에러박사 n8n 워크플로 •

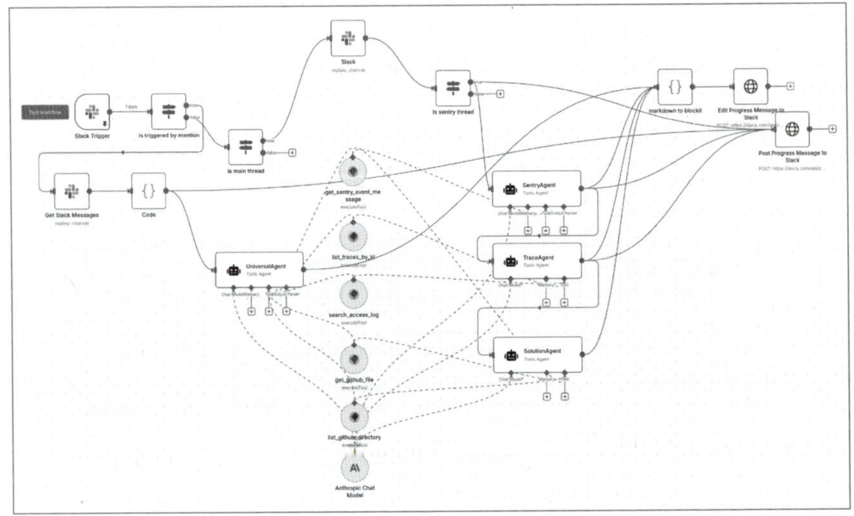

에러박사의 효과

에러박사가 분석한 결과는 센트리 알림 메시지의 댓글로 달립니다. 온콜 담당자는 이제 노트북을 열지 않고도 에러의 심각도와 대응 방안을 바로 확인할 수 있습니다. 실제로 에러박사 도입 이후 놀라운 변화가 있었습니다.

- **새벽 대응 횟수 감소 :** 대부분의 에러가 긴급하지 않다는 걸 바로 확인 가능
- **에러 분석 시간 단축 :** 평소 1시간 걸리는 분석 시간을 10분 내외로 단축
- **온콜 스트레스 대폭 감소 :** 불필요한 걱정 없이 푹 잘 수 있게 됨

물론 LLM이 항상 완벽한 분석을 하는 건 아닙니다. 가끔은 엉뚱한 해석

을 하기도 하고, 중요한 정보를 놓치기도 합니다. 하지만 첫 번째 필터링 역할로는 충분히 훌륭했고, 지속적인 개선을 통해 정확도를 높여가고 있습니다.

• 에러박사 슬랙 댓글 결과 그림 •

아서팀 에러 박사 앱 어제 17:46

이슈 분석 보고서

오류 요약 : 캐시 연결 초기화 문제

오류 유형 : 메모리 내 캐시 연결 오류

오류 메시지 : `....connection reset`

문제 발생 위치 : `/...` 파일의 `...` 함수 (라인 2938)

이슈 정보 :

- Event ID: ...

스택트레이스 분석

문제는 다음과 같은 호출 순서로 발생했습니다:

1. 작업 처리 중
2. 사용자 확장 데이터 조회
3. 사용자 확장 데이터 저장소 접근
4. 캐시에 데이터...

원인 분석

이 오류는 000 서비스가 000와 통신하는 과정에서 00 연결이 갑자기 끊어졌기 때문에 발생했습니다.

이런 오류는 일반적으로 다음과 같은 원인으로 발생합니다:

1. 네트워크 불안정성
2. 000 서버 과부하 또는 재시작
3. 방화벽 또는 로드 밸런서의 연결 타임아웃
4. 메모리 제한으로 인한 000 서버 리소스 부족

영향 평가

이 오류는 사용자 확장 데이터를 캐시에 저장하는 과정에서 발생했으므로, 직접적인 사용자 경험 저하보다는 시스템 성능에 영향을 미칠 수 있습니다.

이 오류는 지속적으로 발생하고 있으며(123건의 이벤트), 2025-01-02부터 보고되었습니다.

해결 단계

- 000 서버 상태 확인
    - 000 리소스 사용량(메모리, CPU, 연결 수) 모니터링
    - 로그에서 비정상 종료 또는 이벤트 확인
- 네트워크 연결 안정성 개선
    - 네트워크 지연 시간 및 패킷 손실률 모니터링
    - 로드 밸런서, 방화벽 설정 검토
    - TCP 연결 타임아웃 설정 최적화

마치며 : 끝없이 문제 풀이에 도전하기

5명의 작은 팀이 매주 업무 시간의 20%를 차지하던 온콜 업무. 우리 팀은 LLM과 자동화 도구를 활용해 해결했습니다. 결과적으로 LLM과 MCP, 그리고 n8n을 통한 자동화를 통해 작은 팀의 제약을 이겨내고 업무 효율성을 크게 향상시킬 수 있었습니다. 기존에 온콜 담당이면 전체 업무 시간 중 50%를 온콜 시간으로 할당했지만, 이제는 대부분의 시간을 기능 개발에 쓸 수 있게 되었습니다. PM의 경우 개발자를 통해서만 알 수 있었던 정보를 MCP를 통해 직접 파악할 수 있게 되어 커뮤니케이션 비용이 줄고 업무 효율이 크게 증가했습니다.

지금도 MCP Tool과 n8n 워크플로가 계속 추가되고 있습니다. 이어 고도화의 일환으로 결과물을 검증하는 과정을 추가하여 더 일관성 있는 응답을 제공하고, 우리 팀뿐만 아니라 당근 전체에 적용할 수 있는 범용적인 워크플로로 성장시킬 계획입니다.

물론 시스템이 고도화되면서 새로운 도전 과제들도 생겼습니다. 워크플로가 복잡해질수록 토큰 제한에 걸리는 경우가 늘어났고, LLM에 같은 질문을 반복하는 문제도 발견했습니다. 하지만 이런 문제들도 하나씩 해결해나가면서 더 안정적이고 효율적인 시스템이 될 거라 기대하고 있습니다.

PART 3
LLM을 이용한 개발기

✦ 07
LLM으로 복잡한 게시글을 구조화하기까지

#LLM #프롬프트엔지니어링 #게시글구조화 #데이터구조화

Kacey 한소리 Product Manager

비대면 소비의 확산으로 급성장한 모바일 교환권, 쿠폰같은 거래가 당근에서도 활발히 이루어지게 되었습니다. 그 흐름 속에서 '티켓/교환권' 게시글 역시 눈에 띄게 늘어났고, 저희는 그 안에서 반복되는 사용자 행동과 텍스트의 패턴에 주목하게 되었습니다. 그러나 게시글을 들여다보면, 상품명, 유효기간, 브랜드명 같은 핵심 정보들이 본문과 이미지 속에 자유롭게 흩어져 있었습니다. 정보는 분명 존재하지만, 그것을 일관되게 추출해내기엔 지나치게 비정형적인 구조였습니다.

이 글은 그런 현실적인 문제에서 출발합니다. 늘어난 '티켓/교환권' 게시글을 구조화하기 위해, 우리는 LLM을 활용해 무엇을 추출하고 어떻게 이해시킬지를 치열하게 고민했습니다. 비정형 텍스트와 이미지를 기준에 따라 구조화하며, 오류를 분석하고 프롬프트를 설계해 간 과정을 담았습니다. 단순한 기술 적용을 넘어, 문제를 정의하고 데이터를 자산으로 전환해 가는 과정의 중요성을 이야기합니다.

왜 티켓/교환권 게시글을 분류하기 시작했나?

코로나19 팬데믹 이후 우리의 소비 방식은 근본적으로 달라졌습니다. 모바일 중심의 비대면 소비가 일상화되면서, 모바일 교환권과 쿠폰 등을 사고파는 일이 훨씬 자연스러워졌습니다. 실제로 국내 기프티콘 시장은 2019년 약 3조 원 규모에서 2024년에는 10조 원을 넘어섰고, 불과 5년 만에 3배 이상 성장했습니다.

이 변화는 단순한 '비대면 소비'에 그치지 않았습니다.

사용하지 않는 모바일 쿠폰이나 기프티콘을 필요한 사람에게 넘기거나, 생활비 절약 수단으로 삼는 실용적 활용으로 이어졌고, 여기에 '앱테크' 문화가 더해졌습니다.

쿠폰을 저렴하게 구매하고, 쓰지 않는 쿠폰은 되파는 '합리적 소비 습관'이 정착하면서, 기프티콘은 더 이상 선물 전달의 수단에 머무르지 않게 되었습니다.

이런 변화는 당근에서도 그대로 나타났습니다. 사용자들은 선물이나 경품 등 다양한 경로로 받은 쿠폰을 그냥 두기보다는, 누군가에게 필요한 가치를 되돌리는 방식으로 나누고 거래하게 되었습니다. 그리고 자연스럽게, 티켓/교환권 카테고리는 눈에 띄게 성장했습니다. 커피 쿠폰, 상품권, 영화 관람권처럼 일상에서 쉽게 활용할 수 있는 교환권들이 활발히 거래됐습니다.

그런데 이 게시글 흐름을 자세히 들여다보니 이런 질문들이 생겼습니다.

"이 게시글 안에 사용자들이 공통적으로 작성하는 정보는 무엇일까?"

"사용자들이 더 편하게 거래하기 위해서 이 글들에서 우리가 어떤 정보를 알고 활용해야 할까?"

게시글들을 자세히 들여다보면 형식도 표현도 정말 제각각이었습니다.

- "스타벅스 기프티콘 팝니다, 메가박스 2매 있습니다, 내일까지 사용 가능합니다."

짧고 직관적인 문장도 있었고, 거래 방식이나 유의사항을 길게 적은 게시글도 있었습니다. 어떤 경우엔 구체적인 설명 없이 '이미지 참고하세요' 한 줄만 남긴 게시글도 많았습니다. 예를 들어 '스타벅스 5만 원권'이라는 문구와 유효기간이 적힌 이미지를 올려두고, 본문에는 '이미지 참고하세요'라고만 적힌 경우가 대표적이었습니다.

그런데 이 안에는 생각보다 많은 정보가 숨어 있었습니다. 상품명, 브랜드, 수량, 유효기간, 거래 방식 같은 핵심 정보가 자연스러운 문장 안에 흩어져 있거나, 심지어 이미지에만 담겨 있었습니다. 이걸 단순히 '티켓/교환권'이라는 카테고리 하나로만 묶어두기엔 너무 많은 의미와 맥락이 묻혀 있었습니다.

그래서 저희는 이 정보를 더 잘 써먹을 수는 없는지 고민하게 되었습니다. 단순히 '티켓/교환권'이라는 이름의 게시글로 끝나는 게 아니라 이게 어떤 브랜드의 무엇이고, 언제까지 쓸 수 있으며, 어떻게 거래되는 것인지까지 구조화해서 활용한다면,

- 모바일 교환권의 정가 대비 할인율을 자동으로 계산할 수 있고
- 유효기간이 얼마 남지 않은 임박 쿠폰만 골라낼 수 있고
- 브랜드별로 어떤 교환권이 자주 거래되는지 트렌드 분석도 가능하고
- 이 쿠폰이 지류인지, QR인지, 바코드인지 같은 유형 분류도 자동으로 할 수 있을 거라 생각했습니다.

그런데 문제는, 사용자 입력 정보가 전적으로 자유 형식이라는 점이었습니다. 카테고리, 가격을 선택하는 것 외에는 유효기간이나 코드 유형 같은 세부 정보를 따로 입력 받지 않고 있었습니다. 그렇다고 사용자에게 일일이 입력을 요구할 수도 없었습니다. 귀찮음으로 인한 반감, 부정확한 입력의 가능성까지 고려하면 결국 우리가 본문과 이미지를 기반으로 정보를 추출해야 한다는 결론에 도달했습니다.

• 티켓/교환권 글쓰기 예시 •

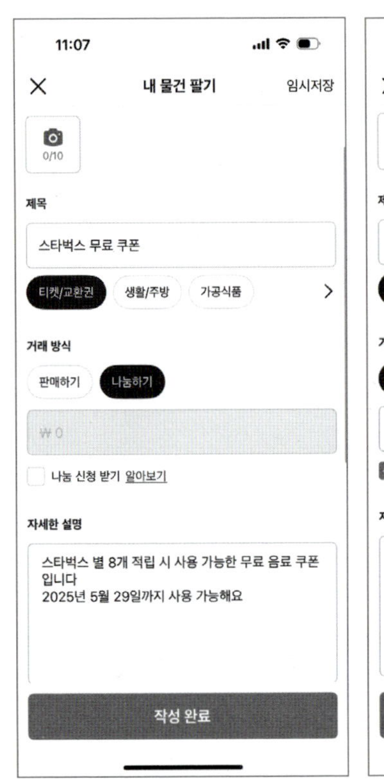

물론 사람이 하나하나 게시글을 읽고 분류할 수도 있습니다. 하지만 이미 축적된 게시글도 방대하고, 앞으로도 계속 누적될 것을 고려하면 이 방식은 현실적이지 않았습니다.

그래서 내린 결론은 명확했습니다.

"이 복잡한 게시글들을 우리가 필요한 속성 기준에 따라 구조화하자."

그리고 그 구조화 작업을 맡길 도구로 LLM을 선택했습니다. 텍스트와 이미지를 동시에 이해하고, 맥락을 파악해 정보를 추론하며, 정해둔 기준에 따라 구조화된 출력을 만들어주는 능력. 우리가 찾던 역량이 여기에 있었습니다.

우리는 무엇을 뽑아야 하는가?

LLM을 활용해 게시글을 구조화하겠다고 결심했을 때, 가장 먼저 부딪힌 질문은 아주 단순했지만, 그만큼 본질적이었습니다. "우린 무엇을 뽑아내야 하지?" 처음엔 정말 많은 걸 뽑고 싶었습니다. 티켓/교환권 게시글 안에는 생각보다 다양한 요소들이 들어 있었고, 저희는 그 모든 걸 놓치지 않고 구조화하고 싶었습니다.

하지만 곧 현실적인 제약과 마주하게 되었습니다. 시간과 리소스는 한정돼 있었고, 무엇보다 우리가 뽑아낸 정보가 실제 서비스에서 의미 있어야만 했습니다. 구조화는 단순한 '정리'가 아니라, '사용자 경험을 만드는 기능'이 되어야 했습니다.

그래서 질문을 바꿨습니다. "이 중에서 진짜 필요한 정보는 뭘까?", "이걸 쓰는 사용자에게, 이걸 운영하는 우리에게, 정말 중요한 건 뭐지?" 그때부터는 수집 가능한 정보를 나열하기보다, 서비스에 필요한 정보를 중심으로 우선순위를 재정비했습니다.

그렇게 정리된 주요 속성은 다음과 같습니다.

- 상품명(product_name)
- 브랜드명(brand_name)
- 유효기간(expiration_date)
- 판매수량(quantity)
- 정가(original_price)
- 거래방식(trade_method)
- 코드유형(code_type)
- 상품유형(product_category_type)
- 업종 카테고리(product_category_industry)
- 여러 물건 포함 여부(mix_status)

겉보기엔 단순한 목록지만, 사실 이 속성 하나하나가 "사용자 입장에서 이 정보가 유용한가?", "분석이나 기능 구현에 활용할 수 있는가?"라는 수많은 질문을 통과하고 살아남은 결과물이었습니다.

추출 기준을 세운다는 건

속성을 정의했다고 해서 일이 끝나는 건 아니었습니다. 진짜 어려운 건, 그 속성을 실제 문장에서 어떤 기준으로 식별하고 추출할지 결정하는 일이었습니다.

예를 들어

- "내일까지"라는 표현은 → 작성일 기준 +1일로 해석해야 하고
- "3인 식사권"이라는 문장은 → 인원 표현이므로 수량은 1로 간주해야 하며
- "바로 보내드릴게요"라는 말은 → 거래방식이 '온라인'이라는 뜻이고
- "기프티콘 5장"처럼 쓰인 문장은 → 상품명은 '기프티콘', 수량은 5로 나눠서 추출해야 했습니다.

이런 작업은 단순히 몇 줄의 지시 문장으로 해결될 성질의 일이 아니었습니다. 사람의 직관적 판단을 모델이 일관되게 재현하도록 만들려면, 그 사고 흐름 자체를 프롬프트 안에 녹여내야 했습니다.

우리는 수백 개의 게시글을 직접 샘플링하고, 하나하나 라벨링하며 기준을 세워나갔습니다. 그리고 모델이 이해할 수 있는 형태로 프롬프트를 정제해나갔습니다. 이건 단순히 조건문을 추가하는 수준을 넘는 작업이었습니다. 서비스 맥락에 대한 우리의 이해를, 모델이 정확히 구조화할 수 있도록 설계하는 과정이었습니다.

LLM에게 기준을 가르친다는 것

LLM은 기준이 얼마나 정밀하게 설명되었는지에 따라 출력 결과가 극적으로 달라집니다. 예를 들어 단순히 "상품명 뽑아줘"라고만 하면, 모델은 의도를 제대로 파악하지 못합니다.

물론 LLM은 때때로 질문을 확장하거나 기준의 빈틈을 채우려는 시도를 하기도 합니다. 하지만 정확한 데이터가 요구되는 상황에서는 이런 유연함이 오히려 오류로 이어질 수 있습니다. 그래서 우리는 모델이 잘못된 판단을 하지 않도록, 프롬프트 하나에 기준을 빠짐없이, 그리고 명확하게 담기 시작했습니다.

예를 들어 아래와 같은 세부 기준을 명시했습니다.

- 이미지에 여러 날짜가 있을 경우, 표시(체크, 동그라미 등)가 없다면 가장 이른 날짜만

추출한다.

- “바로 보내드릴게요”는 거래 방식 ‘온라인’으로 해석한다.
- 세트 상품은 수량 1로 간주한다.
- ‘+’ 표기까지 포함해 상품명을 추출한다.

이처럼 기준을 명확히 설정했음에도 불구하고, 모델은 여전히 엉뚱한 출력을 내놓는 경우가 있었습니다. 예를 들면

- 이미지에 여러 유효기간이 있을 때 맥락과 무관한 숫자를 출력하거나
- “바로 보내드릴게요”를 유효기간 ‘오늘’로 잘못 해석하거나
- 이미지에만 존재하는 정보를 누락하는 경우가 잦았습니다.

이럴 때마다 우리는 결과를 되짚어 보며, 어떤 설명이 부족했는지 추적하고, 프롬프트를 수정하며 예시를 보강했습니다. 그리고 특정 오류가 반복된다면, 단순한 규칙 설명만으로는 한계가 있다는 신호일 수 있습니다. 이럴 땐 few-shot 기법을 시도해보는 것도 좋은 방법입니다.

예를 들어 입력 문장과 기대 출력 결과를 한 쌍으로 보여주면, 모델이 기준을 더 정확하게 이해할 가능성이 높아집니다. 특히 문장이 모호하거나 패턴이 복잡한 경우에는, 예시 하나가 수십 줄의 설명보다 더 효과적일 때도 있습니다.

다만 few-shot 기법은 신중하게 선택해야 합니다. 프롬프트가 불필요하게 길어지면 모델이 핵심을 놓치거나 오히려 더 혼란스러워질 수 있습니다. 또한 토큰 수가 늘어나면서 비용 부담도 함께 커질 수 있습니다. 따

라서 명확한 오류가 반복되거나, 규칙만으로 해결이 어려울 때에 한해, 예시를 보완 수단으로 활용해보는 것을 추천합니다.

더불어 저희는 반드시 JSON 형식의 구조화된 출력으로 고정했습니다.

JSON

```
{
  "상품명": "ExampleProduct",
  "브랜드명": "Brand1, Brand2",
  "유효기간": "2025/07/20",
  "판매수량": 1,
  "정가": 10000,
  "코드 유형": "바코드",
  "상품 유형": "티켓",
  "여러 물건 판매 여부": true
}
```

이처럼 형식을 명확히 정의하면 후처리도 쉬워지고, 모델이 기준에서 벗어나지 않도록 안정적인 '출력 레일'을 깔아주는 효과를 기대할 수 있습니다.

만약 기준을 충분히 설명하고 적절한 기법과 출력 형식을 고정했음에도 모델의 실수가 반복된다면, 다양한 모델을 비교해보는 것도 하나의 방법입니다. 모델마다 강점과 출력 경향이 다르기 때문에, 보다 적합한 결과를 내는 모델을 선택해 적용할 수 있습니다.

하지만 그 전에, 우리가 설명을 덜 한 건 아닌지, 또는 프롬프트 구조가 모델 입장에서 이해하기 어려운 방식은 아니었는지를 점검해볼 필요가 있습니다.

오류는 정답보다 많은 걸 알려준다

LLM이 예상과 다른 출력을 낼 때마다, 우리는 단순히 '틀렸다'고 넘기기보다는, 모델이 어디에서 혼란을 느꼈는지, 어떤 설명이 부족했는지를 집중해서 살폈습니다.

예를 들어 다음과 같은 사례들이 반복적으로 나타났습니다.

- 유효기한이 여러 개일 경우, 모두 추출하거나
- "스타벅스, 스벅, Starbucks"를 동일 브랜드로 인식하지 못하고 각각 추출하거나
- 브랜드명이 이미지에만 있는 경우, 본문 정보만 보고 누락하는 현상

이런 오류들을 단순히 수정하는 데 그치지 않고, 왜 그런 결과가 나왔는지를 분석하며 반복 패턴을 정리해갔습니다. 예를 들어

- 유효기한이 여러 개일 경우에는 가장 빠른 날짜를 기준으로 삼는 규칙을 세우고
- 브랜드명은 사전에 정의한 동의어 매핑 테이블을 적용했습니다.
- 특히 교환권의 경우, 본문보다 이미지 정보를 따라갈 경우 오답률이 낮아져 가급적 '이미지 〉 본문' 우선 규칙도 프롬프트 내에 명시적으로 반영했습니다.

이 작업은 단순히 프롬프트를 조금씩 고치는 수준이 아니라, 모델이 혼란을 줄일 수 있도록 입력 환경 자체를 재설계하는 과정이었습니다. 정확도를 높이는 가장 좋은 방법은, 애매함을 줄이고 기준을 명확히 만드는 것이었습니다. 무엇보다 모델이 동일한 오류를 반복한다는 것은 아직 기준이 완성되지 않았다는 신호이기도 했습니다.

그래서 우리는 오류를 고치기에 앞서 "왜 틀렸는가?"를 먼저 정의하고, 그 이유를 기준에 반영하며 레슨런을 축적해 나갔습니다.

마치며 : LLM은 좋은 기준을 먹고 자란다

이 프로젝트의 초반, 가장 많은 일을 한 건 모델이 아니라 사람이었습니다. 기준을 세우고, 예외를 정의하고, 수백 개의 게시글을 직접 라벨링하고, 프롬프트를 다듬고, 오류를 검토하고 모든 과정이 반복의 연속이었습니다. 하지만 그 반복이 쌓이자, 변화는 분명히 나타났습니다. 기준이 충분히 정제되자, 모델은 그 기준을 안정적으로 재현하기 시작했습니다. 사람이 봐도 애매한 표현을 모델이 제법 정확하게 추출해내기 시작한 겁니다.

정답률이 90%를 넘는 속성들이 점점 늘어나자, 우리는 이 구조화 데이터를 기반으로 한 다양한 분석 환경을 본격적으로 구축할 수 있었습니다. 그제야 '구조화된 데이터'가 진짜 자산이 될 수 있다는 것을 실감할 수 있었습니다.

이 프로젝트를 통해 우리가 진짜로 배운 것은 'LLM을 서비스에 적용하는 일은 단순히 모델을 붙이는 게 아니라, 질문을 제대로 던지는 일에서 시작된다'는 점이었습니다. 결국 LLM이 진짜 '일하는 도구'가 되려면 다음 세 가지 질문에 명확히 답할 수 있어야 합니다.

1 이 서비스 혹은 문제에서, 우리가 얻고자 하는 정보는 무엇인가?

2 그 정보를 어떤 기준으로 판단하는가?

3 그 기준을 모델이 이해할 수 있도록 구조화하여 설명했는가?

이 질문들이 흐릿하면, 모델은 엉뚱한 결과를 낼 수밖에 없습니다. 하지만 질문이 명확해지는 순간, 모델은 놀라울 정도로 빠르고 안정적으로 정답을 반복해냅니다.

결국 LLM을 잘 쓴다는 건, 지금 필요한 정보를 정확히 알고, 그걸 얻기 위해 질문을 구조화하고, 프롬프트를 잘 설계하는 일입니다. LLM을 사용하는 데 복잡한 개발 지식이 필요한 건 아닙니다. 문제를 정확히 보고, 해결해 보려는 의지가 훨씬 더 중요할 뿐이고, 프롬프트는 문제를 풀어내는 사고의 방식일 뿐입니다.

커머스, 검색 등 다양한 도메인에서 비정형 텍스트를 구조화하려는 시도가 활발히 이뤄지고 있습니다. 특히 운영 소재 검수처럼 반복적 판단이 필요한 작업에도 LLM은 강력한 도구가 될 수 있습니다. 이 글을 읽으신 분들이 각자의 서비스에도 LLM을 잘 녹여내어, 저희가 경험했던 것처럼 생각보다 훨씬 큰 효율을 직접 느껴보실 수 있길 바랍니다.

✦ 08

LLM을 활용한 스마트폰 시세 조회 서비스 구축하기

#LLM #중고거래 #프롬프트엔지니어링 #벡터DB #데이터검색

Miller 구경회 Software Engineer

스마트폰을 바꾼 후 이전에 썼던 기기를 중고로 팔아보신 적 있으십니까? '이 정도 상태의 기기면 어느 정도 가격대가 적당한 거지?' 고민하며, 수많은 중고 매물 게시글을 일일이 확인하지는 않으셨습니까? 이제는 LLM 덕분에 이렇게 번거롭고 어려웠던 작업이 훨씬 쉽고 빠르게 해결되고 있습니다.

이 글에서는 LLM을 활용해 중고거래 게시글에서 스마트폰 정보를 추출하고, 이를 통해 시세를 산출한 방법을 소개하려고 합니다. 먼저 스마트폰 시세 조회 서비스를 왜 만들게 됐는지 배경을 간단히 살펴본 후, LLM으로 게시글을 분류·정제하는 과정, 빅쿼리BigQuery를 이용해 정보를 후처리하고 시세를 집계하는 과정, 마지막으로 벡터 DB 기반으로 유사 게시글을 추천하는 과정을 단계별로 소개하겠습니다. LLM으로 사용자 경험을 효과적으로 개선할 방법을 고민 중인 분들에게 이 사례가 큰 도움이 되면 좋겠습니다.

스마트폰 시세 조회는 왜 필요할까요?

많은 중고거래 판매자들이 물품의 적절한 가격을 결정하는 걸 어려워합니다. 개인 간 거래는 워낙 다양한 상품이 혼재되어 있기 때문인데요. 종류도 워낙 다양한데 상태도 가지각색이라, 물품의 정확한 시세를 한눈에 파악하기 어려운 거죠. 스마트폰을 예로 들면 단순히 같은 기종만 검색해서 끝날 일이 아니라, 사용 기간, 배터리 효율, 스크래치 여부 등 상태가 비슷한 기기가 얼마에 팔리는지 일일이 확인해야 하는 겁니다.

중고거래팀은 사용자가 물품의 시세를 한눈에 확인하고 더 쉽게 가격을 결정할 수 있도록, 아이폰, 갤럭시 기종을 대상으로 한 스마트폰 시세 조회 서비스를 테스트하기로 했습니다. 다양한 물품 중 스마트폰을 베타 테스트 대상으로 선정한 이유는 다음과 같습니다. 스마트폰은 제품 모델이 명확하고 게시글 수가 많아 데이터 기반 시세 계산에 유리합니다. 또 판매 단가가 높아 가격 결정이 중요한 상품이기도 합니다.

결과적으로 모델, 용량, 새 상품 여부, 스크래치 및 파손, 배터리 효율 등 구체적인 물품 상태에 따라 시세가 어느 정도인지 파악할 수 있는 서비스를 만들었습니다. 예를 들어 사용자가 '아이폰 16 Pro 128GB'를 선택하고 필터에서 구체적인 '사용 상태'나 '배터리 성능'을 설정하면, 곧바로 그에 따른 시세 정보를 'OOO만 원-OOO만 원'과 같은 가격 범위로 확인할 수 있습니다. 이번 프로젝트는 머신러닝을 활용해 당근 중고거래 데이터를 기반으로 정확한 시세를 제공한 첫 번째 시도로, 팀 내에서도 의미가 큰 프로젝트이기도 했는데요, 그럼 본격적으로 기능을 구현해나간 과정을 단계별로 소개하겠습니다.

상품 정보 추출하기

가장 큰 문제는 게시글에서 상품 정보를 추출하는 것입니다. 당근은 판매자의 글쓰기 허들을 낮추기 위해 중고거래 게시글에 구체적인 기종이나 물품 상태를 입력하도록 요구하지 않습니다. 하지만 구체적인 물품 상태별로 스마트폰 시세를 제공하려면 모델, 용량, 새 상품 여부, 스크래치 및 파손 여부, 배터리 효율 등 다양한 조건을 알아내야 했습니다.

기존에는 이런 데이터를 추출하려면 복잡한 정규식을 만들거나 이에 특화된 ML 모델을 만들었습니다. 하지만 LLM을 도입하여 '모델명', '용량', '스크래치 여부' 등을 추출할 수 있게 되었습니다. 정규식이나 별도 모델을 구축할 때와 달리, 프롬프트 수정만으로도 추출 정확도를 높일 수 있어 공수가 매우 줄었습니다.

• 게시글에서 정보를 추출하는 과정 예시 •

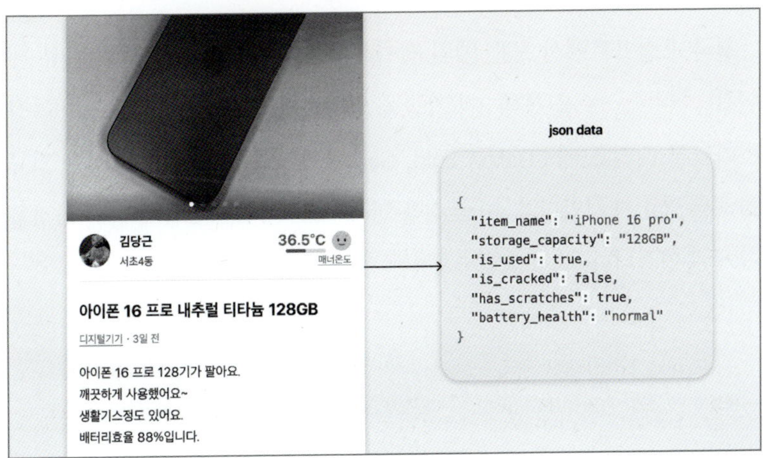

우선 타깃 게시글들을 정한 후 프롬프트 엔지니어링을 통해 결과물을 뽑았습니다. 그 결과물을 채점하고 프롬프트를 수정하여 추출의 정확도를 높였습니다. 만족할 만한 성능이 나온 후에는 게시글이 생성될 때마다 LLM을 적용하여 사내 데이터 웨어하우스인 빅쿼리에 적재하는 파이프라인을 구축했습니다.

빅쿼리에 적재한 이후에는 데이터의 후처리를 거쳤습니다. LLM 특성상 잘못된 분류를 하거나 허구의 정보를 생성하는 환각 문제를 완전히 피할 수는 없었습니다. 특히 모델명을 추출하는 과정에서 나열한 기종 이외에 다른 이름으로 추출한다거나, 복잡한 기종 명의 경우 잘못된 이름으로 추출하는 경우도 있었습니다.

예를 들어 1세대 갤럭시 폴드 이름은 'Galaxy Fold'지만 2세대부터는 'Galaxy Z Fold 2'라는 이름을 가집니다. 하지만 LLM은 'Galaxy Z Fold'나 'Galaxy Fold1', 'Galaxy Fold 1'처럼 사용자가 잘못 입력한 모델명을 그대로 추출하는 경우가 있었습니다.

결국 프롬프트에서 모든 예외 케이스를 처리하기보다는, 빅쿼리 뷰 테이블BigQuery View Table을 통해 2차 가공을 하기로 했습니다. 다음 코드는 특정 스마트폰 시리즈(예 : Galaxy Fold, Galaxy Flip 등)의 잘못된 표기를 정규화하는 SQL 예시입니다. 이 로직을 만들 때도 GPT를 활용해 삽질 과정을 크게 줄였습니다.

```
-- Galaxy Fold 패턴 처리
WHEN REGEXP_CONTAINS( REGEXP_REPLACE(REGEXP_REPLACE(item_name, r'\\
```

```
s5G$', ''), r'(?i)(\\+|plus)', '+'), r'^Galaxy\\sFold($|\\s?\\d+)' )
THEN CASE

WHEN REGEXP_CONTAINS( REGEXP_REPLACE(REGEXP_REPLACE(item_name,
r'\\s5G$', ''), r'(?i)(\\+|plus)', '+'), r'^Galaxy\\sFold($|\\s?1)$'
) THEN 'Galaxy Fold'

ELSE REGEXP_REPLACE( REGEXP_REPLACE( REGEXP_REPLACE(item_name, r'\\
s5G$', ''), r'(?i)(\\+|plus)', '+' ), r'Galaxy\\sFold\\s?(\\d+)',
'Galaxy Z Fold\\\\1' )
-- ...
```

루비 생태계에서 라이브러리가 미비한 점도 있었고 당시에는 잘 몰라 활용하지 못했던 부분이지만, 분류 태스크는 구조화된 출력의 enum을 활용하면 오류 없이 잘 처리해낼 수 있다고 합니다. 다음에는 비슷한 분류 작업이 있을 경우 해당 기능을 활용해볼 예정입니다.

데이터 기반 시세 집계

위 과정을 통해 정제된 모델명과 흠집, 배터리 용량 등에 대한 원시 데이터를 얻었습니다. 이제 이 데이터들을 집계해서 시세 정보를 만들어낼 수 있습니다. 데이터를 집계하고, 사용자분들에게 제공하는 데 빅쿼리와 MySQL, 두 개의 저장소를 사용했습니다. 각 저장소의 장단점이 다르다 보니 각 장점을 활용해 더 좋은 서비스를 만들어내기 위해서였습니다. 두 저장소의 특징을 비교하면 다음과 같습니다.

• MySQL vs 빅쿼리 •

구분	MySQL	빅쿼리
주요 용도	트랜잭션 처리(OLTP), CRUD 작업, 실시간 데이터 제공 및 웹 백엔드	대규모 데이터 분석(OLAP), 데이터 웨어하우징, 로그/이벤트 분석
성능 특성	낮은 지연 시간과 빠른 트랜잭션 처리로 실시간 응답에 유리	대규모 집계 및 복잡한 분석 쿼리에 최적화
데이터 이동/적재 전략	사용자에게 빠른 응답을 위한 최종 집계 결과나 가공된 데이터 저장에 적합	원본 대용량 데이터 분석에 집중, 불필요한 데이터 이동 최소화
사용 사례	웹 애플리케이션 백엔드, 실시간 거래 처리	데이터 사이언스, 머신러닝, 대규모 로그 분석, 배치 분석

두 저장소의 장점을 모두 얻기 위해 팀에서 사용한 방법은 다음과 같습니다. 우선 빅쿼리에서 주간 시세 조회 처리 같은 대용량 작업을 마친 후, 집계 결과만을 MySQL로 옮겨 저장했습니다. 그 후 사용자가 화면에 진입할 때는 빅쿼리 접근 없이 MySQL을 활용해서 시세 조회 결과를 내려줬어요.

빅쿼리에서 MySQL로 모든 데이터를 덤프했다면, 비효율이 발생했거나 응답 시간이 느려졌을 텐데요, 이 과정을 통해 그런 문제들을 방지할 수 있었습니다. 또한 집계 결과를 빅쿼리에서 MySQL로 옮겨오는 작업을 멱등하게 설계하여서 운영의 편의성을 높였습니다.

데이터를 안정적으로 관리하기 위해, 먼저 비즈니스 요건을 꼼꼼히 분석했습니다. 그리고 데이터가 중복으로 저장되지 않도록 막는 규칙으로 고유한 인덱스Unique index를 설정했습니다. 이를 바탕으로, 데이터가 이미 존재하면 업데이트하고 없으면 새로 추가하는 똑똑한 방식인 업서트Upsert

작업을 설계했습니다. 덕분에 동일한 작업을 여러 번 반복해도 결과가 달라지지 않는 멱등성idempotency을 확보할 수 있었습니다.

시세 조회의 경우, '기간(주)', '기종', '상태'라는 세 가지 조건의 조합마다 단 하나의 통계 값만 존재해야 합니다. 그래서 이 세 가지 조건을 하나의 고유한 키Key로 묶고, 이 키를 기준으로 업서트 작업을 수행하도록 했습니다. 이렇게 함으로써 빅쿼리에서 MySQL로 데이터를 옮기는 작업이 여러 번 실행되더라도 항상 정확하고 일관된 결과를 유지할 수 있었습니다.

유사 게시글 제공

이 과정을 통해 사용자가 원하는 조건의 상품 시세를 구체적인 가격 범위로 제공하게 됐습니다. 그런데 일반적으로 당근에서 물건을 팔기 전 비슷한 물건을 하나하나 확인해보게 됩니다. 불편함을 덜 목적으로 가격 범위를 제공하지만 그럼에도 더 정확한 가격 책정을 위해 다른 게시글을 직접 확인할 수도 있겠다고 판단했습니다. 이 과정을 편리하게 만들기 위해 시세 조회 화면에서 시세 통계 데이터뿐만 아니라 유사 게시글도 제공하기로 했습니다. 이 기능은 통계 데이터와는 다르게 게시글의 임베딩을 활용해 구현했습니다.

임베딩은 텍스트, 이미지 등의 개체를 수학적인 형태로 바꾸어 표현하는 방법입니다. 좋은 임베딩 모델은 텍스트의 의미를 수학적으로 잘 변환하기 때문에, 의미상으로 유사한 게시글을 빠르게 찾아낼 수 있습니다. 예를 들어 영어로 작성한 "iPhone"과 한글로 적은 "아이폰"이 같은 의미라는 것은 단순히 문자열의 유사도로는 알아낼 수 없습니다. 하지만 좋은 임베딩 모델을 사용한다면 이 두 단어는 비슷한 벡터로 변환이 되고, 따라서 사용자가 "아이폰"으로 검색하든 "iPhone"으로 검색하든 같은 결과를 제공할 수 있게 됩니다. 또 팀에서는 벡터 저장과 검색에 최적화된 데이터베이스인 벡터 DB 중에서 파인콘*을 도입해서 벡터 서빙**을 최적화했습니다.

그 과정이 순탄하지만은 않았는데요. 쿼리와 문서의 불일치 때문에 어려움을 겪었습니다. 당근의 게시글은 제목이나 본문이 모두 길고 상세하게 설명하는 형태입니다. 하지만 스마트폰 시세 조회의 경우 "아이폰 16 프로 흠집 있음"처럼 아주 짧은 단어로 이루어진 형태입니다. 이러다 보니 생각보다 유사하지 않은 게시글들이 검색되는 경우가 잦았습니다.

문제 해결을 위해 여러 가지 임베딩 모델을 테스트해보다가 구글의 임베딩 모델은 작업 유형을 선택할 수 있다는 걸 알게 되었습니다. 임베딩 모델을 호출할 때 문서의 경우 task_type: RETRIEVAL_DOCUMENT, 쿼리의 경우 task_type: RETRIEVAL_QUERY과 같은 형태로 옵션을 넘겨 해당 작업에 최적화된 형태로 임베딩을 만들어냈습니다.

위 옵션을 지정하고 다른 임베딩 모델들과 비교하자 훨씬 좋은 결과를 얻었습니다. 해당 임베딩 모델을 통해 얻어낸 게시글이 추출 모델, 메타

---

* Pinecone : 클라우드 기반 벡터 데이터베이스 서비스. 대용량 임베딩 벡터의 저장, 관리, 실시간 유사도 검색을 위한 최적화된 플랫폼입니다.

** Vector Serving : 벡터로 변환된 데이터(예 : 텍스트 임베딩)를 실시간으로 검색하거나 추론 서비스에 제공하는 기술 또는 과정입니다.

데이터(흠집 유무, 배터리 사이클 등)에 맞을 때마다 더 높은 점수를 부여하는 방식으로 임베딩 평가를 설계했습니다. 이 채점 과정 또한 LLM을 통해 자동화하여 공수를 많이 줄였습니다.

유사한 게시글들을 잘 찾아내지만, 순서가 생각과 잘 맞지 않는 문제도 있었습니다. "갤럭시 S24"를 검색했는데 15개의 게시글 중 갤럭시 S24가 10개, S24+가 3개, S23이 2개 있다고 생각해보세요. 그러면 우리가 기대하는 결과는 S24, S24+, S23 순으로 게시글이 나열되는 겁니다. 하지만 모두 높은 유사도를 보이다 보니 순서가 뒤죽박죽이었습니다.

RAG*나 추천 등에 익숙한 분이라면 리랭커**를 도입해서 문제를 풀면 될 거 같다는 생각이 드실 겁니다. 저희도 리랭커를 테스트해보았는데, 파인튜닝 같이 도메인에 특화하지 않은 상태로 일반 모델을 적용했을 때는 딱히 더 나은 결과를 얻지 못했습니다. 게다가 팀에는 이 과정을 도와줄 수 있는 ML 엔지니어도 없는 상황이어서 저희는 다른 방법을 선택하기로 했습니다.

유사한 게시글 중에서도 사용자가 진짜로 찾고자 하는 정보만을 상위에 노출하고자 '불필요한 키워드 배제 → 단어 추출 → 매칭 단어 가산 및 불일치 단어 감점 → 동의어 처리' 절차를 거쳤습니다. 먼저 '탭', '패드'처럼 검색 의도와 무관한 키워드가 포함된 문서를 제외하여 관련 없는 결과

* Retrieval-Augmented Generation : 외부 지식(문서 등)을 검색해 생성형 AI의 응답에 반영하는 방식입니다.

** ReRanker : 검색된 후보 결과를 의미적으로 재정렬해 더 관련성 높은 순서로 만드는 모델 또는 알고리즘입니다.

를 제거했습니다. 그다음 쿼리에서 제품명, 버전, 모델명 등 핵심 단어를 뽑아내어, 대상 문서에 해당 단어가 등장할 때마다 점수를 더하고, 쿼리와 무관하거나 부가 정보인 단어가 나타나면 점수를 깎습니다. 이 과정에서 대소문자 차이나 한영 표기 차이를 보완하는 동의어 처리도 함께 이루어져, 표기 방식이 조금 달라도 같은 제품으로 인식하도록 했습니다.

예를 들어 사용자가 '갤럭시 S23'의 시세를 조회한다면, 'Galaxy S23' 같은 동의어 일치 문서는 높은 점수를 받아 상위에 배치되고, '갤럭시 S23 울트라'처럼 '울트라'라는 불일치 단어가 포함된 문서는 감점되어 후순위로 밀리게 됩니다. 이렇게 하면 표면적으로는 비슷해보이지만 의도와 어긋나는 정보가 섞이지 않고, 실제로 사용자가 원하는 모델을 포함한 게시글만 제공할 수 있게 됩니다.

• 완성된 스마트폰 시세 조회 서비스의 모습 •

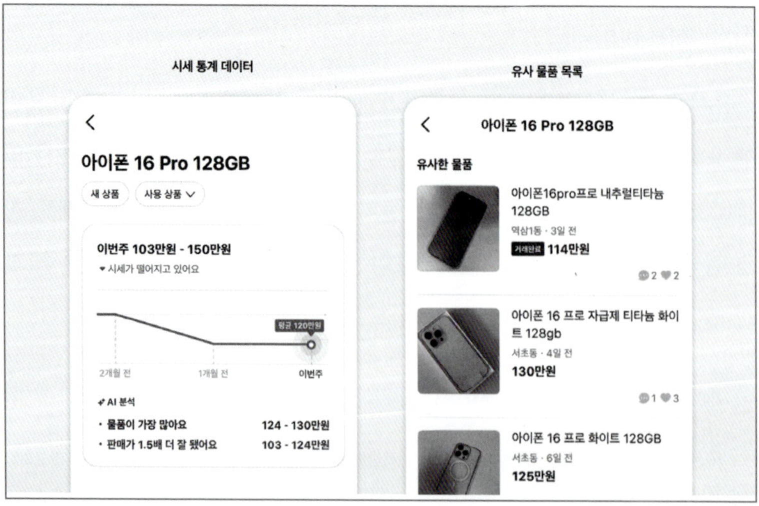

시세 통계 데이터
아이폰 16 Pro 128GB
새 상품
사용 상품
이번주 103만원 - 150만원
시세가 떨어지고 있어요
평균 120만원
2개월 전
1개월 전
이번주
AI 분석
• 물품이 가장 많아요 124 - 130만원
• 판매가 1.5배 더 잘 됐어요 103 - 124만원

유사 물품 목록
아이폰 16 Pro 128GB
유사한 물품
아이폰16pro프로 내추럴티타늄 128GB
역삼1동 · 3일 전
거래완료 114만원
아이폰 16 프로 자급제 티타늄 화이트 128gb
서초동 · 4일 전
130만원
아이폰 16 프로 화이트 128GB
서초동 · 6일 전
125만원

마치며 : 더 좋은 경험을 제공하는 것에 진심입니다

여태까지 LLM과 임베딩 모델 등 새로운 기술을 활용하여 당근의 자체 데이터 기반으로 시세 조회 기능을 만들어간 과정을 소개해드렸어요. 그동안은 없었던 새로운 도구를 활용하여 사용자의 문제를 풀어나가 기술적으로도, 한 사람의 메이커로서도 즐거운 경험이었습니다.

이 과정에서 얻은 교훈은 다음과 같습니다.

1 LLM이 똑똑하고 좋은 도구는 맞지만, 모든 과정을 프롬프트 엔지니어링으로 해결하려들기보다는 후처리 과정을 따로 작성하는 게 더 효율적일 때도 있다.

2 내가 필요한 장점을 가진 저장소를 선택하면 효율적으로 일할 수 있다.

3 내 작업 유형에 잘 맞는 임베딩 모델을 사용하면 문제를 쉽게 풀어낼 수 있다.

중고거래실은 이처럼 새로운 도구를 활용하여 사용자들의 문제를 풀고 더 좋은 경험을 제공하는 것에 진심인 팀이에요. AI의 발전을 바탕으로 중고거래실이 다음에는 어떤 즐거움을 들고 당신을 찾아가게 될지 기대해주세요.

✦ 09
3살 아가가 좋아할 만한 장난감 LLM으로 추천하기

#당근AI #AI물품추천 #LLM #프롬프트엔지니어링 #중고거래 #탐색

Suzy 김수지 Product Manager

귀여운 조카에게 장난감을 사주고 싶은데, 어떤 걸 좋아할지 몰라 막막했던 경험, 누구나 비슷한 상황이 한 번쯤은 있을 겁니다. 보통은 '3살 장난감'과 같이 키워드를 검색해보지만 넘쳐나는 정보 속에서 마음에 드는 것을 찾기란 쉽지 않습니다. 만약 AI에게 "활발한 3살 조카가 좋아할 만한 장난감 추천해줘"라고 물었을 때, 상황과 취향에 맞는 물품을 바로 찾아준다면 어떨까요? 이런 상상을 현실로 만들고자 당근에서는 'AI 물품 추천' 기능을 실험적으로 선보였습니다.

이 기능은 단순히 키워드를 검색하는 경험을 넘어, 대화형 AI를 통해 새로운 탐색의 가능성을 열고자 하는 시도였습니다. 본문에서는 LLM을 활용하여 이 기능을 구현하기까지의 구체적인 과정, 효과적인 추천을 위한 프롬프트 엔지니어링 노하우, 그리고 예상치 못한 사용자 반응과 그로부터 얻은 교훈까지, 저희의 생생한 개발 여정을 공유하고자 합니다.

AI에게 왜 물품을 추천해달라고 했을까요?

사실 당근은 이미 사용자의 활동 기록(예 : 조회, 검색, 관심 목록)을 바탕으로 머신러닝 기술을 활용해 개인화된 물품을 피드에서 추천해주고 있습니다. 이를 통해 사용자는 자신의 관심사와 관련 높은 물건을 편리하게 발견할 수 있습니다. 그런데 이런 개인화 추천 방식은 때때로 사용자를 '필터 버블Filter Bubble'에 가두는 한계를 보입니다. 사용자의 과거 관심사에 기반하여 유사한 물품들만 반복적으로 노출함으로써, 새로운 카테고리의 물품을 발견할 기회를 제한할 수 있습니다.

게다가, LLM의 등장과 함께 사용자들의 정보 탐색 방식 자체가 근본적으로 변하고 있습니다. 이제 사용자들은 단편적인 키워드를 검색창에 입력하는 것을 넘어, 자신의 상황과 의도를 자연스러운 문장으로 표현하며 답을 얻는 대화형 검색에 점차 익숙해지고 있습니다.

이런 기존 추천 시스템의 한계와 사용자 경험의 변화라는 두 가지 흐름 속에서 '당근의 탐색 경험은 어떻게 진화해야 하는가?'라는 중요한 질문에 도달했습니다. 저희는 그 해답의 일환으로, 사용자가 AI에게 직접 질문을 던지고, AI가 그 맥락을 이해하여 맞춤형 물품을 제안하는 새로운 탐색 경험을 제공해보기로 했습니다.

AI 물품 추천을 소개합니다

짜잔! 다음 화면과 같이 AI 물품 추천 기능이 탄생했습니다. AI에게 무엇이든 물어보면 나를 위한 물품을 찾아줍니다.

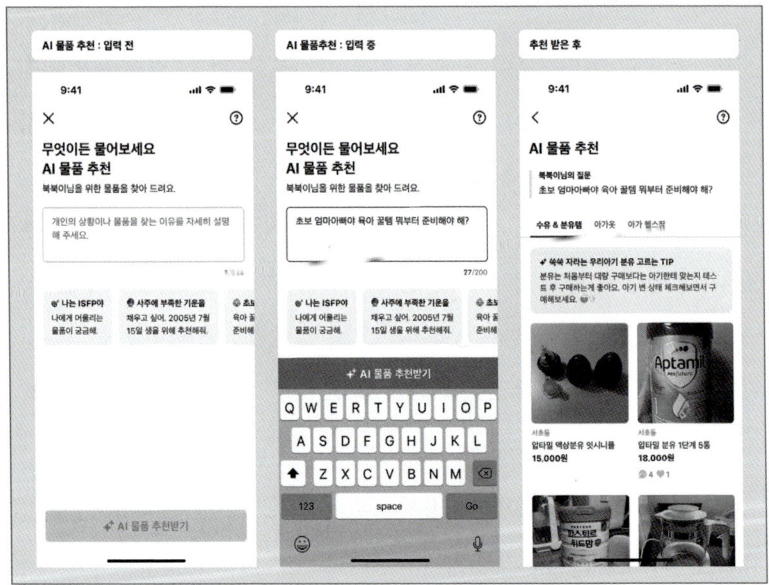

사용자가 질문을 입력하면, 다음 도식과 같이 LLM은 사용자의 질문을 분석해 사용자가 좋아할 만한 주제와 그 이유를 생성합니다. 이때 생성된 추천 주제를 기반으로, 텍스트 임베딩 모델*이 비슷한 게시글을 찾아 추천 결과로 보여주는 방식입니다.

* text embedding model : 텍스트를 고정된 차원의 수치 벡터로 변환해 컴퓨터가 의미적 유사성을 계산할 수 있게 해주는 자연어 처리 모델입니다.

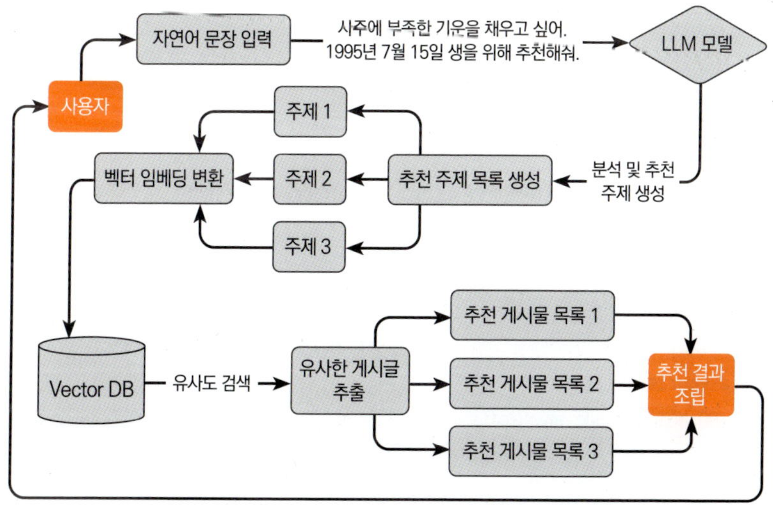

LLM을 활용한 탐색 경험을 제공하는 것은 처음이다 보니, 기능 구현 과정에서도 평소와는 다른 고민이 많았는데요. 하나씩 소개해보겠습니다.

AI 물품 추천을 위한 프롬프트 작성하기

일단 프롬프트를 작성해야 했습니다. 프롬프트 역시 목표를 명확하게 정의하는 것부터 시작했습니다. 이번 프롬프트 목표는 사용자의 입력값을 기반으로 총 3개의 추천 주제를 생성하고, 각 추천에 대해 탭 이름, 추천 제목, 카테고리, 추천 이유를 얻는 것이었습니다.

목표에 맞춰 역할, 목표, 지시사항을 다음 예시와 같이 명확하게 작성했습니다.

✦ 프롬프트

```
You are an expert in recommending secondhand items based on user
input: '{사용자 입력값}'. – 역할

Your task is to analyze the user's input and suggest three relevant
secondhand item categories. – 목표

Instructions: – 지시사항
* Limit the recommendations to a maximum of three distinct item
categories.
* DO NOT include any emoji in the title.
```

다만, 지시사항을 사세하게 작성하기 전에 사용할 모델을 먼저 선택해야 했습니다. 다음 표의 예시와 같이, 같은 프롬프트를 주더라도 모델에 따라 다른 결과가 나오기 때문입니다. 그래서 간단히 작성한 프롬프트로 몇 가지 모델을 테스트해보고 원하는 방향에 가장 가까운 결과를 주는 모델을 골랐습니다.

제미나이 2.0	클로드 3.7	GPT 4.1
제목 : 행운 충전! 아날로그 감성 **카테고리** : 디지털기기 **키워드** : 필름 카메라 **추천 이유** : 김당근님, 1994년생 분들에게 아날로그 필름 카메라가 행운을 가져다준다는 속설이 있어요! 특별한 순간을 기록하고, 예상치 못한 멋진 사진을 얻어보세요. 😊	**제목:** 행운을 부르는 수정 원석 **카테고리** : 취미/게임/음반 **키워드** : 기운충전 **추천 이유** : 1994년생 갑술년 띠에게 수정은 긍정적 에너지를 불러일으키는 행운의 돌로 알려져 있습니다. 사주에 물 기운을 더해 균형을 맞춰줍니다. 📷	**제목** : 행운을 부르는 원석 소품 **카테고리** : 가구/인테리어 **키워드** : 원석 인테리어 **추천 이유** : 사주에서 행운을 불러온다는 원석 인테리어 소품은 공간에 에너지를 더해줍니다. ✨

사용할 모델을 선택했다면, 드디어 본격적인 프롬프트 작성을 시작합니다. 특히 지시사항 부분은 가장 많은 내용을 담고 있고, 이에 따라 결과가 크게 달라지기 때문에 프롬프트 작성에서 중요합니다. 지시사항에는 주로 기능에 필요한 구체적인 요구사항과 정책을 담습니다. 예를 들면 이런 것들입니다.

- **결과 작성 방향 :** "사용자가 구매하고 싶을 것 같은 결과를 추천해줘"
- **톤앤매너 :** "따뜻하고 친근한 말투로 설명해줘"
- **글자 수 :** "제목은 최대 20자 이내로 작성"
- **이모지 사용 여부 :** "제목에는 이모지를 절대 포함하지 말 것"
- **금지 키워드 :** "추천 이유에 중고 키워드는 쓰지 말아줘"

이때, 같은 지시사항이라도 어떻게 작성하느냐에 따라 결과가 달라지고, 예상치 못한 결과가 자주 나오기도 합니다.

- 추천 이유가 너무 비논리적이거나
- 멋대로 줄임말을 사용하거나
- 중복되는 표현이 너무 많거나

그래서 프롬프트를 작성하고, 결과를 보고, 다시 수정하는 과정을 여러 번 반복하며 프롬프트를 완성할 수 있었습니다. 시행착오를 통해 알게 된 몇 가지 노하우도 함께 공유해봅니다.

- 프롬프트는 영어로 작성하는 것이 좋습니다.
- 중요한 내용은 대문자로 강조하면 더 잘 반영됩니다(예 : do not 대신 DO NOT).

- 프롬프트를 짤 때도 사용할 모델의 LLM을 활용해보세요. LLM은 "프롬프트를 어떻게 작성해야 좋은지" 스스로 이미 알고 있습니다(예 : 이게 현재 내 프롬프트인데, 제목과 설명에 중복되는 표현이 많이 나와서 좀 줄이고 싶어. 개선안을 제안해줘).

더 나은 추천 결과를 향해서 기능 개선하기

추천 결과는 텍스트 임베딩을 기반으로 한 유사도 검색을 활용했습니다. 각 추천 주제의 텍스트와 게시글의 텍스트를 벡터로 변환한 후, 두 벡터의 유사도를 계산하여 주제에 맞는 게시글을 추천하는 방식이었습니다.

이때도 어떤 임베딩 모델을 쓰느냐에 따라 결과가 크게 달라졌습니다. 그래서 여러 임베딩 모델의 성능과 비용을 비교해보며 선택해야 했죠.

예를 들어 처음에는 다른 기능을 위해 만들어둔 임베딩을 사용하려고 했는데, AI 물품 추천에 적용해보니 추천 결과의 퀄리티가 너무 떨어졌습니다. 알고 보니, 그 임베딩은 영어 전용 모델로 만든 것이었는데, "아이폰", "샤넬"처럼 고유한 이름을 가진 물품은 잘 찾아주었지만, 자연어 기반의 AI 물품 추천에는 한계가 있었던 겁니다. 다국어 모델을 사용해 임베딩을 생성했더니 비로소 기대했던 수준의 추천 퀄리티를 얻을 수 있었습니다.

또한 추천 이유, 키워드 등 어떤 값을 기준으로 게시글을 비교할지도 중요한 변수였습니다. 비슷할 것 같아도 결과가 꽤 달랐기 때문에, 각 기준별 결과를 비교하며 실험에 사용할 기준값을 선택했습니다.

반면, 추천 결과가 유독 아쉽게 느껴지는 주제들도 있었습니다. 예를 들어 "봄에 어울리는 화사한 블라우스"나 "따뜻한 빛의 조명"처럼 취향과 관련된 주제인 경우 주제와 맞지 않는 게시글이 추천되기도 했습니다. 이는 텍스트만으로는 색감이나 스타일 같은 요소를 반영하기 어렵기 때문입니다.

무엇보다, 다른 단계에서 속도를 개선해도, 사용자가 입력한 값으로 추천 주제를 생성하는 과정에서 발생하는 레이턴시(응답 속도) 문제는 피할 수 없었습니다. 이는 자체적으로 해결할 수 있는 부분은 아니었기에, 로딩이 덜 지루하게 느껴지도록 UX를 개선하는 방향으로 풀어갔습니다.

이렇게 조금 아쉬운 부분들도 있긴 했지만, 이번 단계는 어디까지나 빠르게 MVP를 검증하는 과정이었기 때문에, 부족한 부분들은 검증 후에 더 보완해나가기로 했습니다.

엉뚱한 질문을 해도 괜찮을까요?

사용자가 어떤 내용을 입력할지 모르고, AI가 어떤 답을 할지도 예측할 수 없기 때문에, 때에 따라 이상한 추천 결과가 나올 수도 있다고 생각했습니다. 그래서 사용자에게 제공하기 전에 다양한 예외 케이스를 테스트해보기로 했습니다.

가장 먼저 떠오른 걱정은 '욕설, 선정적 표현 등 민감한 질문을 하면 어쩌지?' 하는 부분이었습니다. 다행히도 LLM이 자체적으로 필터링을 잘 해줬습니다. 욕설을 입력하면 "힘든 일이 있는 것 같다"며 스트레스볼을 추천하는 식으로, 나름의 유연함을 보여줬죠. 또, 오타가 있거나 질문이 모호한 경우도 테스트를 해봤습니다. 그런 때에도 다행히 답변을 주었습니다만, 질문과 살짝 엇나간 결과를 주는 경우도 있었습니다.

LLM이 대답하기 어려운 질문에는 어떻게 반응할지도 궁금했습니다. 그래서 "다음 달 주식 시장은 어떻게 될까?" 같은 미래에 대한 질문을 했더니, 투자 관련 도서와 함께 "혹시 주식 시장의 변동성에 지치셨나요?"라며 스트레스 해소용 취미용품을 추천하는 뻔뻔함을 발휘했습니다.

혹시 놓친 부분은 없을까 싶어서 LLM에게 직접 "어떤 질문에 주의해야 할까?"라고 물어보기도 했는데, 테스트할 만한 다양한 케이스를 알려준 덕분에 꼼꼼하게 살펴볼 수 있었습니다. 이런 과정을 통해, 예상치 못한 질문을 해도 완벽하지는 않지만 LLM이 어느 정도 대응할 수 있다는 걸 알게 되었습니다.

처음은 언제나 어렵기에 더 쉽게!

AI에 많이 친숙해졌어도, 당근에서 AI에게 질문을 하는 경험은 아직 낯설 수 있고, 여전히 빈 칸은 사용자가 무엇을 입력해야 할지 막막하게 느낄 수 있을 거라고 생각했습니다. 그래서 플레이스홀더뿐만 아니라 입력창 하단에 재미있고 다양한 예시를 제공해 긴장을 풀고 입력을 쉽게 시작할 수 있도록 했습니다. 예를 들어 다음 화면과 같이

- "나는 ISFP야. 나에게 어울리는 물품이 궁금해"
- "사주에 부족한 기운을 채우고 싶어. 1995년 7월 15일 생을 위해 추천해줘"

- “초보 엄마아빠야. 육아 꿀템 뭐부터 준비해야 해?”

와 같은 문장들을 보여주고, 사용자가 참고하거나 그대로 사용할 수 있도록 했습니다.

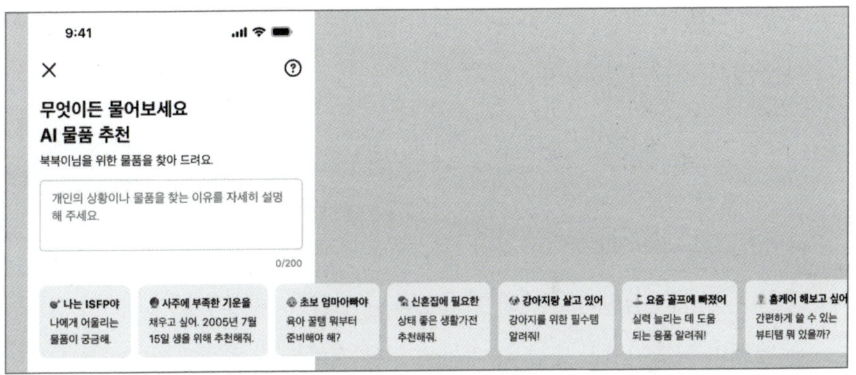

마치며 : 새로운 탐색의 가능성을 보다

그렇다면, 사용자들은 AI 물품 추천이라는 새로운 놀이터에서 어떻게 시간을 보냈을까요? 저희는 설레는 마음으로 사용자들의 흔적을 따라가 보았습니다.

분석 결과는 흥미로웠습니다. 대부분의 사용자는 저희가 제안한 예시들을 길잡이 삼아 첫걸음을 뗐습니다. 이는 AI와의 대화가 아직 낯선 사용자들에게는 친절한 안내가 얼마나 중요한지를 보여주는 대목이었습니다. 일부 사용자는 “3살 조카가 좋아할 만한 장난감 추천해줘”처럼 스스럼없이 AI에게 말을 걸며 자신만의 탐색 여정을 시작했습니다.

가장 인상적이었던 점은, AI의 추천을 받은 사용자들이 추천된 게시글들을 꽤 흥미롭게 탐색했다는 사실입니다. 단순히 조회 수만 늘어난 것이 아니라, 클릭률과 같은 데이터는 AI의 제안이 사용자의 호기심을 자극하고 실질적인 관심으로 이어졌음을 보여주었습니다. 이는 AI 물품 추천이 예상치 못한 물품을 발견하는 '득템의 즐거움'을 선사할 수 있다는 가능성을 엿본 순간이었습니다.

물론, 모든 사용자가 새로운 방식에 즉시 적응한 것은 아닙니다. 여전히 "24인치 자전거", "안마기"처럼 익숙한 키워드로 검색하는 사용자들도 많았습니다. 이는 AI라는 강력한 도구가 등장했더라도, 사용자의 기존 습관을 존중하고 점진적인 변화를 유도하는 세심한 설계가 동반되어야 함을 일깨워주었습니다. 또한 AI 기능을 처음 접하는 사용자가 막막함을 느끼지 않도록, 더 직관적이고 친절한 온보딩 경험이 필요하다는 값진 교훈도 얻었습니다.

이번 실험은 저희에게 많은 배움과 새로운 질문을 남겼습니다. AI 물품 추천에서 얻은 경험을 자양분 삼아, 저희는 더 나은 탐색 경험을 위한 고민을 이어가고 있습니다. AI는 결국 사용자를 더 깊이 이해하고 돕기 위한 도구이며, 그 중심에는 언제나 '사람'이 있다는 사실을 잊지 않으면서요.

앞으로도 당근은 사용자가 원하는 것을 더 쉽고 빠르게 발견하는 것은 물론, 생각지도 못했던 멋진 기회와 마주하는 즐거움을 온전히 누릴 수 있도록, 멈추지 않고 탐색의 지평을 넓혀나갈 것입니다.

✦ 10
연간 LLM 호출 비용 25% 절감, 인턴이 도전한 시맨틱 캐싱 도입 기록

#LLM비용절감 #시맨틱캐싱 #AI메시지추천 #벡터DB #DBSCAN

Capel 김지욱 Software Engineer

안녕하세요? 백엔드 엔지니어 인턴으로 일하고 있는 카펠입니다. 이 글에서는 연간 LLM 호출 비용을 약 25%, 연간 2.1억 원가량 절감한 프로젝트를 소개합니다.

당근에서는 AI를 다양한 프로덕트에 적극적으로 활용하고 있는데요, 그중 하나가 채팅창에서 대화 흐름에 맞춰 다음 문장을 자동으로 추천해 주는 AI 메시지 추천 기능입니다. 이 기능은 사용자들의 채팅 경험을 더욱 편리하게 개선했지만, LLM 호출 비용이 과도하게 높다는 문제가 있었습니다. AI를 잘 활용하면서도 비용을 효율적으로 관리하는 게 중요한 과제였습니다.

저는 시맨틱 캐싱Semantic Caching이라는 기술을 실제 프로덕션 환경에 적용해 비용을 크게 절감해냈습니다. 시맨틱 캐싱은 기존 캐싱 기법과는 달리 문장 간 의미 유사도를 고려해, 표현은 달라도 의미가 비슷한 요청에 캐싱이 동작하는 기법을 의미합니다.

이 프로젝트는 제가 인턴 생활 중에 직접 문제를 발견하고 아이디어를 제안해 주도적으로 진행했던 경험이기도 합니다. 기술적으로도, 개인적으로도 큰 의미가 있었던 여정을 공유해보겠습니다.

과제 정의 및 해결 아이디어 도출하기

당근에서 중고거래 채팅, 다들 한 번쯤 해보신 적 있으시죠? 이때 거래 시간을 정하거나 또 가격을 조율할 때 자주 쓰게 되는 말들이 있습니다. 그런데 이런 문장들을 매번 키보드로 일일이 입력하려니 은근 번거로울 때가 있습니다. 이런 불편함에 주목한 당근 채팅팀은, 사용자가 더 간편하게 대화하고 빠르게 거래할 수 있도록, LLM이 상황에 맞는 문장을 똑똑하게 추천해주는 AI 추천 메시지 기능을 만들게 되었습니다.

AI 추천 메시지 기능은 LLM이 대화의 흐름을 실시간으로 파악해, 다음에 이어질 만한 적절한 문장을 2개 이상 추천해줍니다. 이 기능 덕분에 사용자는 텍스트를 키보드로 직접 입력하지 않고도, 추천된 문장을 탭 한 번으로 전송하여 더욱 빠르고 간편하게 중고거래를 이어갈 수 있게 되었습니다. 실제로 이 기능은 사용자들로부터 많은 관심과 호응을 받고 있죠.

• AI 추천 메시지 •

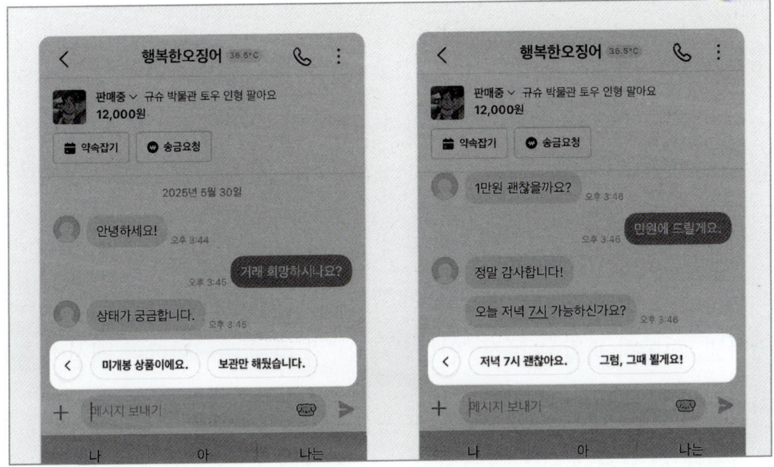

채팅 추천 기능의 도입, 그리고 LLM 호출 비용 문제

그런데 AI 추천 메시지 기능에는 LLM 호출 비용이라는 현실적인 장애물이 있었습니다. 당근에서는 하루에 오가는 메시지가 1,000만 건이 넘기 때문에, 이 기능을 모든 사용자에게 제공하려면 그 트래픽만큼이나 빈번하게 LLM을 호출해야 했거든요. 내부 추산에 따르면 연간 비용이 약 8~9억 원에 달하는 수준이었습니다. 이처럼 막대한 비용은 기능 확장에 중요한 제약으로 작용했고, 당근 채팅팀은 이를 해결하는 다양한 방법을 고민하게 되었습니다.

캐싱 기반의 해결 아이디어 제안

가장 먼저 떠올린 방법은 캐싱 기법이었습니다. 캐싱은 자주 바뀌지 않는 데이터를 미리 저장해두고, 동일한 요청이 들어왔을 때 DB 조회나 API 호출 없이 바로 저장된 데이터를 반환하는 방식입니다.

하지만 이 방식은 요청 문장이 미리 저장된 문장과 완전히 동일할 때만 캐시 히트가 발생합니다. 예를 들어 "안녕하세요!"라는 문장을 캐싱해 두었다면, 정확히 똑같은 문장 "안녕하세요!"가 다시 들어와야만 캐싱이 동작합니다.

그런데 이 부분에 단순한 문자열 일치가 아니라, 의미 기반의 유사도를 활용한다면 어떨까 하는 아이디어가 떠올랐습니다. 코사인 유사도와 같은 거리 기반 유사도 계산을 활용해서 문장 간 의미가 얼마나 가까운지를 측정하고, 그 거리가 일정 임곗값 이상이라면 같은 의미라고 판단해 캐시 히트를 적용하는 방식입니다.

이렇게 동작하는 것이 바로 시맨틱 캐싱입니다. 예를 들어 "안녕하세요!"라는 문장에 대해 시맨틱 캐싱이 되어 있다면, "안녕하세요!"나 "안녕하신가요?"처럼 형태는 다르지만 의미가 유사한 문장도 캐시 히트로 처리할 수 있습니다.

시맨틱 캐싱 도입 시 비용 절감 예상 효과

우선 LLM을 직접 호출해 추천 발화를 생성하는 기존 방식의 비용부터 계산해보겠습니다. 이 경우 연간 약 9억 원의 비용이 발생할 수 있는데, 이를 하루 단위로 환산하면 다음과 같습니다.

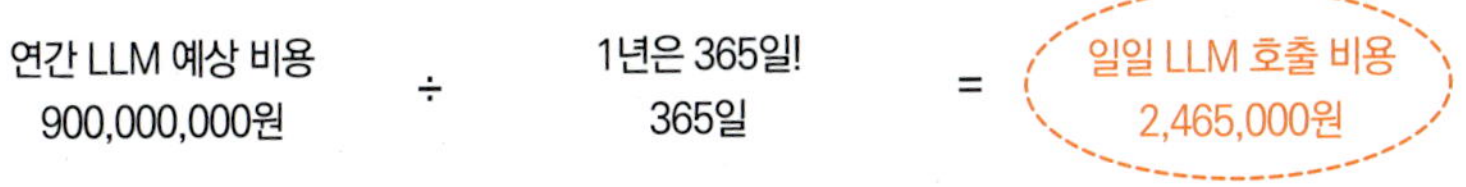

다음으로는 시맨틱 캐싱을 적용했을 때의 비용을 계산해보겠습니다. 예를 들어 오픈AI의 text-embedding-3-small 모델을 사용하면 100만(1M) 토큰당 $0.02의 비용이 발생합니다.

이때 계산을 단순화하기 위해 하루 1,000만 건의 채팅 요청 중 100% 모두가 캐시 히트된다고 가정하겠습니다. 또 문장 하나당 평균적으로 5~7

단어, 약 5토큰이라고 본다면, 시맨틱 캐싱을 위한 하루 임베딩 비용은 다음과 같은 방식으로 계산할 수 있습니다.

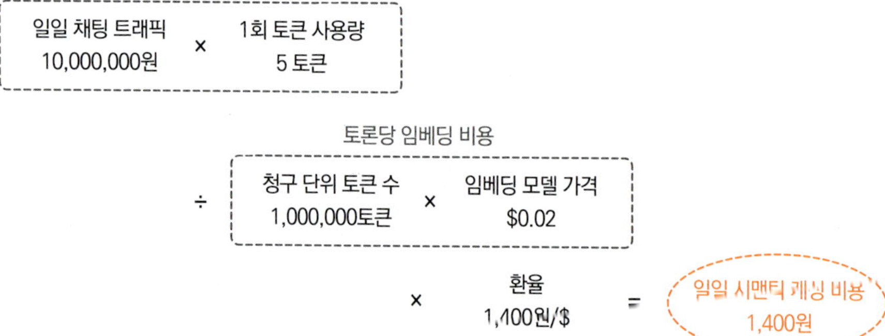

즉, 하루 약 247만 원에 달하는 LLM 호출 비용과 비교해보면, 시맨틱 캐싱은 하루 1,400원(약 1달러) 수준으로 운영할 수 있습니다. 이는 무려 1,760배나 저렴하기 때문에, 비용 측면에서 매우 큰 이점을 확인할 수 있었습니다.

물론 현실적으로 캐시 히트가 100% 일리는 만무합니다. 따라서 실제 절감 효과는 시맨틱 캐싱의 히트 비율에 따라 달라지게 됩니다. 다시 말해, 캐시 히트 비율이 높아질수록 LLM 호출 횟수가 감소하고, 그만큼 API 비용도 더 크게 절감할 수 있습니다.

현재 진행 중인 'Phase 1'에서는 약 25% 수준의 캐시 히트 비율을 목표로 하고 있습니다. 달성한다면, 전체 LLM 호출 비용의 약 24%에 해당하는 연간 2.16억 원의 비용을 절감할 수 있습니다. 더 나아가, 궁극적으로는 히트 비율을 50% 이상으로 끌어올리는 것을 목표로 하고 있습니다. 아래에 캐시 히트 비율에 따른 예상 비용 절감 효과를 정리한 표를 함께 보여드릴게요.

• 히트율에 따른 비용 절감 효과 •

캐시 HIT 비율	비용 감소율	연간 비용 절감분	적용 후 예상 비용
25% (Phase 1)	48% 절감	2.16억 원	6.84억 원
50% (Phase 2)	48% 절감	4.32억 원	4.68억 원
75%	72% 절감	6.48억 원	2.52억 원

시맨틱 캐싱 아키텍처 설계 및 구현하기

시맨틱 캐싱을 처리하는 서버는 메인 서버와 분리된 애드온add-on 형태로 구성했으며, 서로 간의 통신은 gRPC 프로토콜을 통해 이루어지고 있습니다. 이처럼 분리형 구조를 채택한 이유는, 기존 서비스 로직에 영향을 주지 않으면서도 시맨틱 캐싱 기능을 독립적으로 운영하고 유연하게 확장할 수 있기 때문입니다.

또한, 유사도가 임곗값을 넘지 못해 캐시 미스가 발생하는 경우에는 자동으로 LLM 호출로 이어지도록 설계해, 사용자 응답 흐름에 지연이나 끊김 없이 자연스럽게 처리될 수 있도록 했습니다.

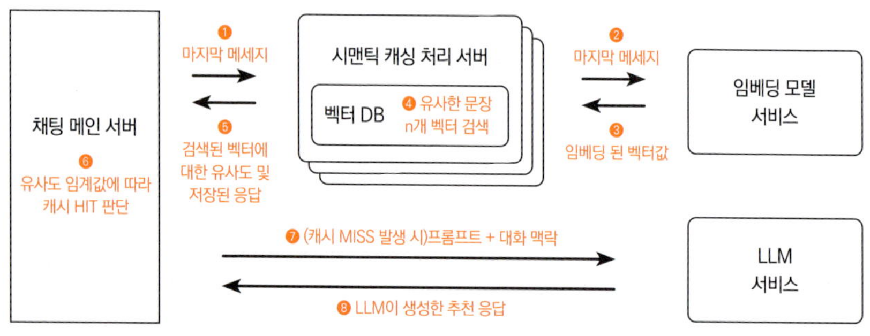

이 과정에서는 크게 두 가지를 중점적으로 고민했는데, 하나는 어떤 벡터 DB를 선택할지, 그리고 다른 하나는 부하 처리 구조를 어떻게 최적화할지였습니다.

벡터 DB로는 서버 환경 내부에 가볍게 통합할 수 있는 임베디드 방식의 chromem*-go를 선택했습니다. 이는 AI 추천 메시지 기능에 적용된 시맨틱 캐싱의 특성과 매우 잘 맞았기 때문입니다.

이때 시맨틱 캐싱은 미리 구성된 캐싱 셋을 기반으로, 쓰기(SET) 없이 읽기(GET) 요청만 처리하는 구조로 설계되어 있습니다. 즉, 변하지 않는 소규모 데이터셋을 반복적으로 빠르게 검색해야 하는 상황에서, 외부 네트워크를 거치지 않고 로컬 인메모리에서 직접 접근할 수 있는 임베디드 방식이 훨씬 효율적이라고 판단했습니다.

이는 속도와 효율성 측면에서 파인콘**과 같은 외부 벡터 DB가 아닌 임베디드 방식을 선택한 이유이기도 합니다. 실제로도 로컬 환경에서 직접

* https://pkg.go.dev/github.com/philippgille/chromem-go

** Pinecone : 유사도 기반 검색을 수행할 수 있는 벡터 데이터베이스

응답이 가능해 지연 시간을 크게 줄일 수 있었고, 실시간 채팅 트래픽을 외부 시스템에 넘기지 않아 추가적인 인프라 비용 없이도 안정적으로 운영할 수 있었습니다.

다음으로, 성능 및 부하 최적화 측면에서도 안정적인 운영이 가능할지 확인해봤습니다. 실제 측정해 본 결과, 문장 1,000개를 벡터로 저장해도 전체 메모리 사용량은 약 6MB*에 불과했습니다. 또, 벡터 1,000개에 대해 전수 탐색Exhaustive Nearest Neighbor Search을 수행하더라도 단건 조회는 평균 2ms 내외로 매우 빠르게 처리되는 것을 확인할 수 있었습니다.

반면, 임베딩 생성 과정은 여전히 병목 구간으로 남아 있었습니다. API 호출을 통해 임베딩을 생성하다 보니, 네트워크 지연과 응답 대기 시간이 불가피하게 발생했고, 이로 인해 평균 400~800ms가 소요되는 것으로 나타났습니다. 이 구간은 전체 응답 흐름에서 가장 큰 병목 지점으로 작용하고 있었습니다.

이러한 병목을 완화하기 위해, 쿠버네티스Kubernetes 배포 환경에서 여러 개의 리플리카Replica를 활용한 수평 확장 전략을 적용했습니다. 이 과정에서 부하 테스트 도구를 사용해 성능을 검증했는데, 그 테스트 결과로 리플리카 1개당 초당 약 100~120건의 요청을 안정적으로 처리할 수 있다는 사실을 확인했습니다. 이를 바탕으로 충분한 수의 리플리카를 구성해 하루 1,000만 건에 달하는 요청도 무리 없이 처리 가능한 구조를 설계할 수 있었습니다. 이때 시맨틱 캐싱 요청에 소요되는 시간을 모니터링했던 차

* 1536차원 × 4바이트 × 1,000개

트를 함께 보여드리겠습니다.

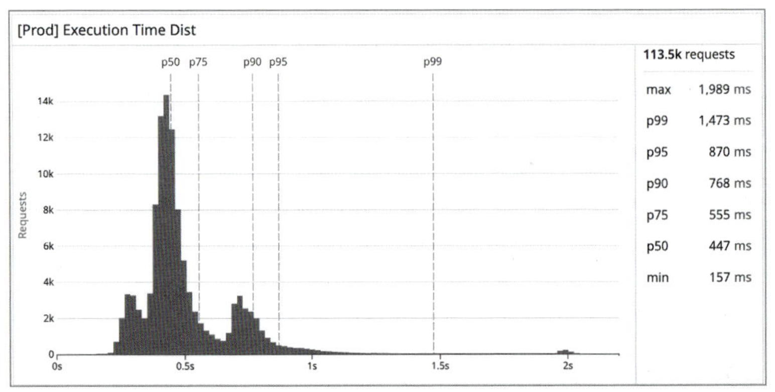

시맨틱 캐싱 셋 구성을 위한 발화 패턴 분석

서버 작업을 마무리한 뒤, 시맨틱 캐싱에 사용할 캐싱 셋을 어떻게 구성할지에 대한 고민이 뒤따랐습니다. 이는 채팅 맥락에서 자주 등장하는 문장을 사전에 임베딩하여 벡터 DB에 저장하고, 각 벡터에는 해당 문장에 적절한 응답을 response라는 메타데이터로 함께 연결해두는 방식이 필요했기 때문입니다.

이를 위해 중고거래 채팅에서 실제 사용된 텍스트 데이터를 수집하고, 여기에 머신러닝 기법을 적용해 대표 문장들을 자동으로 추출하기로 결정했습니다. 이때 크게 두 가지를 중점적으로 고민했는데, 하나는 데이터를 어떤 방식으로 전처리할지, 그리고 다른 하나는 어떤 머신러닝 알고리즘을 적용해 의미 있는 문장 군집을 구성할지였습니다.

전처리 단계에서 가장 먼저 마주한 문제는 텍스트 데이터의 비정형성이었습니다. 비정형 데이터는 사람이 읽기에는 자연스럽지만, 기계가 분석하기에는 구조화되지 않아 적합하지 않습니다. 따라서 텍스트에 포함된 단어들을 고차원 공간의 숫자 벡터로 변환하는 벡터화vectorization 과정이 필요합니다.

이때 사용하는 것이 바로 임베딩embedding 모델입니다. 임베딩 모델은 방대한 텍스트 데이터를 사전에 학습하여 각 단어 혹은 문장을 의미 기반의 벡터로 변환합니다. 예를 들어 문장 하나는 약 1,500차원에 달하는 고차원 벡터로 표현될 수 있습니다.

하지만 시맨틱 캐시의 대상이 되는 채팅 발화는 대부분 짧고 간결한 한 문장 수준이기 때문에, 이러한 고차원 벡터를 그대로 사용하는 것은 계산 효율성 측면에서 비효율적일 수 있습니다.

그래서 주성분 분석*이라는 차원 축소 기법을 적용했습니다. 이를 통해 의미 있는 정보만을 보존한 채 벡터의 차원을 약 50차원 수준으로 줄일 수 있었고, 충분한 표현력을 유지하면서도 더 빠르고 효율적인 분석이 가능해졌습니다.

다음으로는 벡터 간의 분포를 기반으로 의미상 유사한 문장들을 묶어낼 수 있는 알고리즘을 선택해야 했습니다. 이를 위해 머신러닝 기법 중

* PCA, Principal Component Analysis : 고차원 데이터를 주요한 특성 축으로 차원을 축소해 시각화나 분석을 쉽게 해주는 차원 축소 기법

에서 비지도학습 기반의 군집화* 방식을 적용하기로 했습니다. 채팅 발화는 정답(label)이 존재하지 않는 데이터이기 때문에, 숨겨진 패턴을 스스로 찾아낼 수 있는 비지도학습 접근이 더 적합하다고 판단했습니다.

초기에는 대표적인 군집화 알고리즘인 K-평균 군집화**를 검토했지만, 이 방식은 클러스터 수를 사전에 지정해야 하고, 무엇보다 노이즈 데이터에 매우 취약하다는 한계가 있었습니다. 특히 실제 채팅 데이터의 절반 이상은 짧고 의미가 불분명한 응답이나 반복 문장 등 노이즈일 가능성이 높았기 때문에, K-평균 군집화는 현실적인 적용에는 적합하지 않다고 결론 내렸습니다.

이러한 한계를 고려해, 최종적으로 선택한 방법은 DBSCAN***이었습니다. DBSCAN은 밀도 기반의 클러스터링 알고리즘으로, 밀도가 낮은 데이터는 자동으로 노이즈로 분류하는 기능을 갖추고 있습니다. 덕분에 노이즈가 많은 실제 채팅 발화 속에서도 의미 기반의 안정적인 군집을 형성할 수 있었고, 이를 통해 시맨틱 캐싱에 활용할 수 있는 대표 문장 셋을 효과적으로 추출할 수 있었습니다. 다음은 분석 결과로 도출된 의미 군집의 일부와 노이즈 비율입니다.

---

* Clustering : 비슷한 특성을 가진 데이터들을 자동으로 그룹으로 나누는 비지도 학습 기법

** K-means clustering : 데이터를 K개의 중심점을 기준으로 가장 가까운 그룹으로 나누는 대표적인 군집화 알고리즘(비지도 학습)

*** Density-Based Spatial Clustering of Applications with Noise : 밀도 기준으로 군집을 형성하고 이상치를 자동으로 구분하는 군집화 알고리즘(비지도 학습)

n개 클러스터 (38%) + 노이즈 (62%)
[클러스터 0] 시간 및 일정 관련 대화 ex. 그럼 6시 30분쯤 괜찮으실까요?
[클러스터 1] 감사 인사 ex. 저도 감사합니다.
[클러스터 2] 사과 및 거래 거절 ex. 죄송합니다, 어렵습니다.
[클러스터 3] 거래 관련 수용 대화 ex. 네, 알겠습니다!
...

이렇게 분석한 결과를 바탕으로, 중고거래 채팅에서 자주 등장하는 발화를 직관에 의존하지 않고 데이터 기반으로 분류했습니다. 그리하여 총 13개의 의미 군집에서 약 260개의 대표 문장을 뽑아 그에 맞는 응답으로 캐싱 셋을 구성할 수 있었습니다.

성능 검증 및 비용 절감 효과 분석하기

성능 검증 및 비용 절감 효과를 검증하기 위해 오프라인과 온라인 테스트를 진행했습니다. 오프라인 테스트는 예상 캐시 히트 비율을, 온라인 테스트는 사용자 행동 변화에 초점을 맞추었습니다.

1. 오프라인 테스트 : 예상 캐시 히트 비율

오프라인 테스트에서는, 로컬 환경에서 시맨틱 캐싱이 실제로 얼마나 캐시 히트를 발생시키는지 확인해보려 했습니다. 이를 위해 무작위로 선택한 중고거래 대화 50개에서 총 1,000개의 발화를 추출한 뒤, 유사도 임곗값threshold을 달리 적용하면서 각 조건에서의 캐시 히트 비율이 어떻게 달라지는지 측정했습니다.

실험 결과, 유사도 기준이 낮아질수록 캐시 히트 비율은 뚜렷하게 상승하는 경향을 관찰할 수 있었습니다. 특히 유사도 임곗값을 0.65로 설정했을 때, 캐시 히트 비율이 29.55%로 측정되었는데, 실용성과 정확도를 모두 고려했을 때, 이 정도가 가장 합리적인 임곗값이라고 판단할 수 있었습니다. 이때 유사도 임곗값에 따른 캐시 히트 비율을 정리한 표도 함께 보여드리겠습니다.

• 유사도 임곗값에 따른 캐시 히트 비율 •

실험 번호	캐시 히트 비율	캐시 히트 비율	비고
7차 실험	0.70	15.93%	신뢰 가능한 임곗값
최종안	0.65	29.55%	적정 임곗값
8차 실험	0.60	32.14%	적용 가능한 임곗값

2. 온라인 테스트 : 사용자 행동 변화

온라인 테스트에서는 실제 프로덕션 환경에서 시맨틱 캐시가 사용자 경험에 어떤 영향을 미치는지를 확인해보았습니다. 캐시 응답이 사용자 행동에 어떤 변화를 유도하는지, 그리고 사용자가 체감하는 응답 품질은 어떤지를 중점적으로 평가할 수 있었습니다.

실험 결과, 시맨틱 캐싱은 당초 예상했던 20%를 넘어 약 25%에 가까운 히트 비율을 기록하며, 캐시 기반 응답의 활용 가능성이 충분하다는 점을 입증했습니다. 이때 시맨틱 캐싱의 히트/미스HIT/MISS 여부 그리고 히트 비율을 모니터링했던 차트는 다음과 같습니다.

• Zoom image will be displayed •

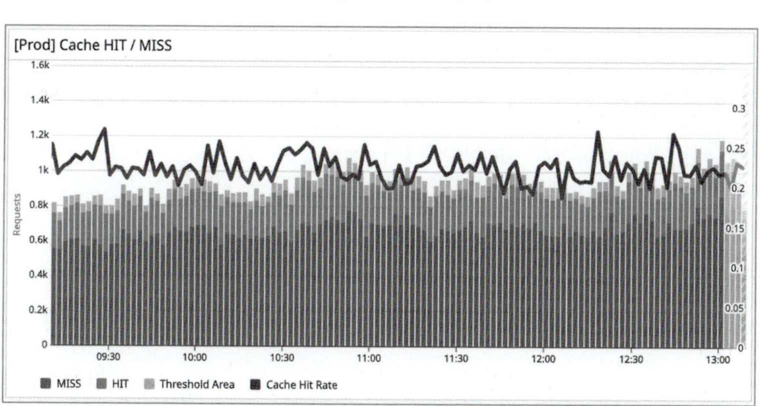

하지만 동시에 개선이 필요한 부분도 확인할 수 있었습니다. 일부 경우에는 시맨틱 캐싱이 문맥을 충분히 이해하지 못한 채 메시지를 추천하면서, 사용자 경험에 오히려 혼란을 주는 사례도 관찰되었기 때문입니다.

이러한 문제를 보완하기 위해 향후에는 벡터 검색 단계에서 메타데이터 기반 필터링을 적극 활용하는 방향으로 개선할 계획입니다. 이를 통해 문맥에 더 잘 맞는 응답 후보를 사전에 걸러내고, 캐시 품질을 더욱 안정적으로 유지할 수 있을 것으로 기대하고 있습니다.

마치며 : 인턴이 쏘아 올린 작은 공

사실 이 아이디어를 처음 제안드릴 때만 해도, 제가 직접 시맨틱 캐싱 기능을 구현하게 될 줄은 전혀 예상하지 못했습니다. 그저 애정하는 서비스에 조금이나마 도움이 되고 싶다는 마음뿐이었거든요.

그런데 지나가던 인턴의 다소 엉뚱한 제안에도 귀 기울여주시고, 문제에 대해 함께 고민하고 주도적으로 탐구해볼 수 있게 배려해주신 팀원 분들 덕분에, 저는 많은 것을 배우고 도전해볼 수 있었습니다. 어려움에 부딪힐 때마다 함께 머리를 맞대어주신 점, 그리고 저의 성장을 믿고 기회를 주신 점에 진심으로 감사드립니다.

앞으로의 계획도 살짝 말씀드리겠습니다. 팀 역할 중 하나는 다른 팀에서 채팅 기능을 빠르게 도입할 수 있도록 지원하는 일입니다. 이번 시맨틱 캐싱 기능도 그런 방향으로 나아갈 수 있으면 좋겠다고 생각합니다.

인턴으로 함께 하는 동안 머신러닝 분석이나 벡터 DB 구성 같은 주요 과정들을 최대한 자동화해두려고 합니다. 앞으로 중고거래뿐 아니라 알바, 중고차, 부동산 등 다른 도메인에서도 손쉽게 도입할 수 있도록 미리 기반을 마련하는 걸 목표로 하고 있습니다. 그럼 앞으로도 당근의 채팅 경험이 얼마나 더 편리해질지 많이 기대해주세요!

PART 4

AI 플랫폼과 AI 에이전트 개발기

✦ 11
VoC 플레이그라운드로 고객 목소리에 반응하는 당근 만들기

#VoC #Data #LLM #사용자의견분석 #업무효율화

Willie 권우석 Software Engineer

Robyn 이영인 Software Engineer

Felix.park 박해창 Operations Manager

Sofia.wee 위주희 Operations Manager

VoC는 'Voice of Customer'의 줄임말로, 말 그대로 '고객의 목소리' 또는 '사용자 의견'을 뜻합니다. 사용자가 제품이나 서비스를 사용하면서 느끼는 만족, 불만, 제안, 요구사항 등을 포괄하는 개념이죠.

VoC 수집 형태는 다양합니다. 고객센터에 접수되는 문의, 앱스토어 리뷰, 설문조사 응답, 사용자 인터뷰 등이 모두 VoC에 해당합니다. 형태는 다르지만 모두 '사용자가 우리 제품에 대해 어떻게 생각하고 느끼는지'를 알려주는 소중한 데이터입니다. VoC가 중요하다고는 하지만 정작 이 데이터를 활용해야 할 때는 어려움이 있습니다. 단순히 모으는 것만으로는 충분하지 않고, 의미 있는 인사이트로 변환하는 과정이 필요하기 때문이죠.

사용자 의견이 중요하다는 말은 수도 없이 들어왔고 정설처럼 여겨지는 말이기도 합니다. 하지만 제품을 만들고 운영하는 과정에서 사용자 의견이 정말 중요할까요? 사용자 의견을 파악하고 제품에 반영할 수 있다면 뭐가 달라질 수 있을까요? VoC 플레이그라운드Playground를 만들어가는 과정에서 가졌던 두 가지 의문이자 VoC 플레이그라운드를 통해 확인해보고 싶었던 주제였습니다.

아마 사용자가 많은 서비스라면 사용자 의견을 잘 관리하고 활용하는 데 어려움이 있을 겁니다. '일일이 살피기에 너무 많은 사용자 의견'과 '대량의 의견 속에서 우리 팀과 관련된 의견을 분류하는 것'이 가장 큰 어려움일 것 같은데요, 당근도 예외는 아니었습니다. 매일 수천 건에 달하는 문의와 설문 응답 및 리뷰를 사람이 하나씩 살펴보아야 한다는 점에서 어려움을 겪고 있었습니다.

VoC 플레이그라운드는 문제를 해결하기 위해 각 팀의 관심사에 맞게 사용자 의견을 분류할 수 있게 했고, LLM을 활용해 분류된 데이터를 분석할 수 있는 환경을 제공했습니다. 그 결과 기존 사용자 의견 분석 프로세스를 효율화했고 더 많은 팀에서 더 다양한 종류의 사용자 의견을 확인하고 반영할 수 있는 환경을 조성했습니다. 그리고 VoC 플레이그라운드 사용자들의 활용 방식을 보며 처음 품었던 두 가지 의문에 대해서도 답을 얻었습니다.

이제부터 대규모 서비스에서 사용자 의견을 반영하는데 어떤 어려움이 있고 VoC 플레이그라운드가 이를 어떻게 해결했는지 살펴보겠습니다.

사용자 의견을 반영하는 데 필요한 두 가지 작업

사용자 의견을 반영하기 위한 작업은 크게 두 가지로 나눠볼 수 있습니다. 첫째로 사용자에게 의견을 받아야 합니다. 어떤 데이터까지 사용자 의견으로 볼 건지는 의견이 다를 수 있지만 사용자 의견으로 볼 데이터를 사용자가 남길 수 있어야 합니다. 대표적인 사용자 의견 중 하나인 문의를 생각하면 문의를 남길 수 있는 '문의하기 기능'이 있어야 사용자 의견을 반영하기 위한 첫 발을 뗄 수 있습니다.

둘째는 사용자에게 받은 의견을 분석하고 활용하는 작업입니다. 이 과정은 사용자 의견을 어떻게 수집했는지, 사용자 의견을 어떻게 활용할지에 따라 달라질 수 있습니다. 예를 들어 설문을 통해 내가 원하는 질문에 대해 응답을 받았다면 응답 전체를 분석하면 되겠죠. 하지만 내용에 따라 분류되지 않은 앱 리뷰 같은 경우 분석을 진행하는 팀과 관련 있는 의견을 분류하기 위한 필터링 작업이 필요합니다.

관련 의견만 남았다면 이제 목적에 맞게 내용을 살펴야 합니다. 사용자가 제안하는 신규 기능을 추려보고 싶다면 해당 내용에 부합하는 내용을 정리하면 되고, 사용자가 느끼는 불편함을 살펴보고 싶다면 여기에 부합하는 내용을 정리하면 됩니다. 원하는 목적에 맞게 내용이 잘 정리되었다면 팀원들과 논의를 통해 서비스에 반영할지 여부를 결정하면 되겠죠.

당근에서 사용자 의견을 다루는 방식

당근은 사용자 의견을 어떻게 수집할까요? 기존에는 사용자 문의, 앱 리뷰, 설문, 의견 남기기 이렇게 4가지 데이터로 수집했습니다. 문의는 문의하기 기능을 통해, 앱 리뷰는 iOS, 안드로이드 각 스토어를 통해 그리고 설문과 의견 남기기는 당근폼이라는 당근의 서베이 툴을 통해 수집이 이루어졌고 사용자 의견을 받는 데는 문제가 없는 상황이었습니다.

• 일별 당근 사용자 의견 •

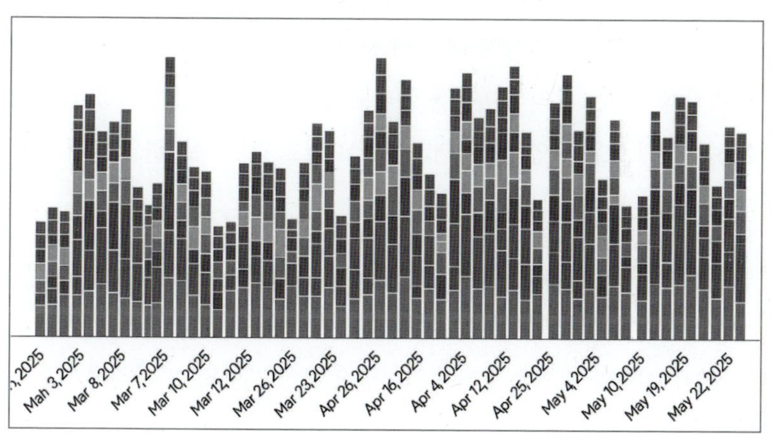

반면 사용자 의견을 분석하는 과정에는 두 가지 문제가 있었습니다. 우선 첫 번째 문제는 **일일이 살펴보기에는 너무 많은 양**입니다. 당근으로는 매일 수천 건의 문의가 들어오고 있었습니다. 물론 카테고리별로 분류하여 각 팀에서 봐야 할 문의를 추려보면 더 적어지긴 하겠지만 줄어든 양조차도 일일이 살피는 작업은 많은 리소스가 필요합니다.

두 번째 문제는 **분류되지 않은 의견의 경우 분석을 진행하는 팀과 관련된 의견을 분류하기 어렵다**는 점입니다. 예를 들어 의견 남기기의 경우 사용자가 당근에 남기고 싶은 어떤 의견이든 텍스트 형태로 남길 수 있습니다. 의견 남기기로 들어오는 의견이 매달 수천 건인데, 각 팀에서는 분석에 앞서 수천 건의 의견을 살펴보며 우리 팀과 관련이 있는 내용인지를 살펴봐야 하는 상황이죠.

이 두 가지 문제는 각 팀에서 사용자 의견을 서비스에 반영하는 데 큰 걸림돌이 되고 있었습니다. 예시를 두고 생각해볼까요? A 팀의 운영 매니저가 되었다고 가정하겠습니다. 사용자 의견을 통해 우리 프로덕트의 문제점과 나아가야 할 방향에 대한 단초를 얻고 싶은 상황입니다. 이 작업은 매일 쌓여가는 분의 데이터를 살펴보고 분석을 진행하는 일입니다. 리소스가 적게 드는 작업은 아니지만 프로덕트를 위해 중요한 작업이란 생각에 매월 1번씩 분석을 진행하고 있었죠.

그런데 이런 상황에서 의견 남기기, 앱 리뷰 내용까지 고려해야 한다면 어떻게 해야 할까요? 매월 1번이 아니라 신규 기능 배포 시점에 맞춰 추가적으로 사용자 의견을 살펴야 한다면요? 이 요구사항을 만족하기 위해 리소스는 몇 배로 필요하게 됩니다. 정리하면 현재 프로세스의 두 가지 문제점은 사용자 의견을 반영하기 어렵게 만들고, 다양한 유형의 사용자 의견을 고려하기 어렵게 만들고 있었습니다.

첫 번째 도전 : AI로 데이터를 정리해보기

처음 시도한 작업은 대량의 VoC 데이터를 대·중 분류로 클러스터링해 한눈에 파악할 수 있도록 만드는 VoC LLM 파이프라인Pipelines 프로젝트였습니다. 이 프로젝트가 어떤 작업을 수행하는지 간략히 설명하자면, 4월 의견 남기기 데이터로 분석을 수행하면 4월 의견 남기기가 N개의 대분류로 표현됩니다. 각 대분류는 M개의 중분류를 가지고 하위에 속하는 의견 남기기 원문을 살펴볼 수 있게 되는 겁니다.

이 프로젝트가 해결하고자 했던 문제는 명확합니다. 일일이 살펴보기에 많은 양의 VoC를 클러스터링하여 한눈에 파악할 수 있는 N개의 대분류를 제시줬고, 이 속에서 내가 원하는 내용의 VoC를 쉽게 볼 수 있도록 도왔습니다.

1차 시도에서 아쉬웠던 점과 새로운 문제 정의

VoC LLM 파이프라인 작업을 마친 후 몇 가지 아쉬운 점을 발견했습니다. 분명 클러스터링을 통해 대량의 VoC 데이터를 체계적으로 정리할 수는 있었지만, 이것이 '분석을 진행하는 팀과 관련된 내용을 분류하고 싶다'는 본질적인 목표를 충족시키지는 못했습니다.

가장 큰 한계는 '고정된 분류 체계'였어요. 클러스터링은 전체 데이터를 대표하는 주제를 중심으로 분류를 생성하는데, 이는 개별 팀이나 구성원의 고유한 관심사를 정확히 반영하지는 못했습니다. 무엇보다 분류 체계가 내 관심사가 아닌 데이터의 패턴에 따라 자동 생성되기 때문에 내가 실제로 찾고자 하는 정보와 생성된 분류 간에 괴리가 발생하기도 했습니다.

예를 들어 UX 디자이너가 '앱 내 특정 버튼의 사용성'에 관한 의견만 모아 보고 싶어도 '전반적인 UI/UX 문제점'이라는 넓은 분류에서 다시 일일이 관련된 의견을 찾아야 했습니다. 결국 나의 관심사를 중심으로 데이터를 재구성하는 것이 아니라, 이미 만든 분류에 내 관심사를 맞추어야 하는 역설적인 상황이 발생하게 된 겁니다.

이런 한계를 직면하며 저희는 기존 시스템을 넘어서는 새로운 접근이 필요하다고 느꼈고 이를 해결하기 위해 문제의 본질을 두 가지로 재정의하기로 했습니다.

1 어떻게 하면 분석을 진행하는 팀과 관련된 의견을 분류할 수 있을까? → 미리 정의된 분류가 아닌, 사용자의 질문이나 관심사에 기반한 동적 필터링이 필요했습니다.

2 어떻게 하면 분류된 의견으로 의미 있는 보고서를 만들 수 있을까? → 단순히 데이터를 보여주는 것을 넘어, 실질적인 인사이트를 도출하고 공유할 수 있어야 했습니다.

이 두 가지 핵심 질문에 해결책을 찾기 위해 새로운 시스템 'VoC 플레이그라운드'를 설계하기 시작했습니다.

두 번째 도전 : 팀 관련 데이터만 분류하는 VoC 플레이그라운드 고안하기

첫 번째 핵심 과제는 방대한 데이터에서 분석을 진행하는 팀과 관련된 정보만을 효과적으로 추출하는 시스템을 구축하는 것이었습니다. 이를 위해 저희는 '데이터 소스'와 '필터'라는 두 가지 핵심 개념을 중심으로 데이터 파이프라인을 설계했습니다.

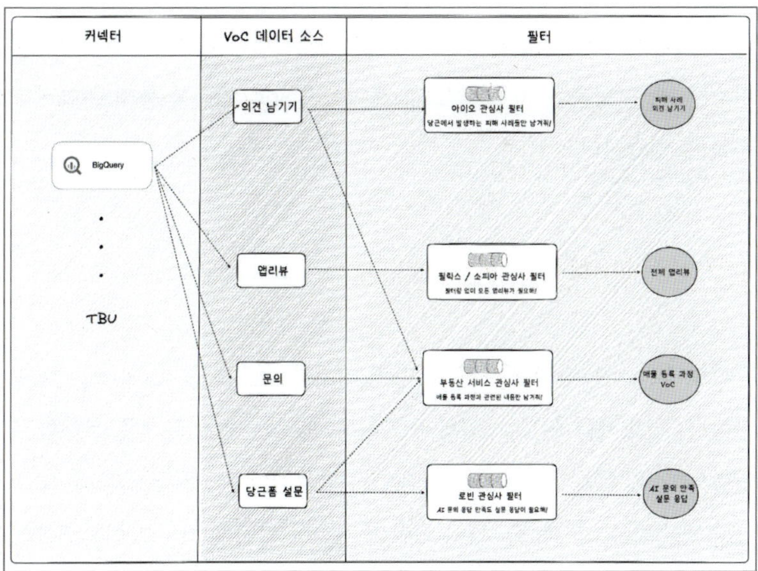

데이터 소스 : 분석 대상이 될 원본 데이터셋

예시를 활용해 두 가지 개념을 설명해볼게요. 부동산팀은 사용자들이 부동산 서비스에서 겪는 '어려움'과 '요구사항'을 명확히 파악하여 서비스 품질을 개선하고 싶어 합니다. 이를 위해 부동산팀 담당자는 먼저 분석에 필요한 데이터 소스를 구성해야 합니다. 예를 들어 '최근 1개월간 진행된 부동산 사용자 설문 조사 데이터', '부동산 카테고리에서 발생한 문의 데이터', 그리고 '사용자들이 자유롭게 남긴 의견 남기기 데이터'를 각각 별도의 데이터 소스로 만듭니다. 모든 데이터는 분석용 DB에 저장되어 있으며, 담당자는 이 중 필요한 데이터만 SQL 쿼리를 통해 손쉽게 가져올 수 있습니다.

필터 : 내 관심사에 맞는 나만의 데이터셋

이제 부동산팀 담당자는 이 세 가지 데이터 소스를 합쳐 하나의 필터를 만듭니다. 필터를 만드는 과정에서 사용자는 두 가지 옵션을 선택할 수 있습니다. 첫 번째는 모든 데이터 소스를 그대로 결합하여 전체 데이터를 보는 방법이고, 두 번째는 LLM 기반의 자연어 필터링 기능을 이용해 특정 조건을 만족하는 데이터만 추출하는 방법입니다.

예를 들어 부동산팀 담당자는 "매물 등록 과정에서 사용자가 겪는 어려움은 무엇인가?"라는 구체적인 질문을 입력하여 LLM 기반 필터를 생성할 수 있습니다. 이때 LLM을 활용해 설문 조사, 문의 데이터, 의견 남기기에서 '매물 등록 과정과 관련된 사용자 의견'만을 자동으로 추출하게 됩니다. 직접적인 표현은 물론이고, 유사한 맥락을 지닌 다양한 의견까지 포착하여 사용자가 원하는 정보만 정확히 제공합니다.

반면, 특정한 질문이나 조건 없이 전체적인 사용자 의견의 흐름을 파악하고 싶다면, LLM 필터링 과정을 생략하고 모든 데이터를 그대로 살펴볼 수도 있습니다. 이처럼 VoC 플레이그라운드는 사용자의 분석 목적과 필요에 따라 유연하게 사용할 수 있도록 설계됐습니다. 또한 부동산팀이 이렇게 필터를 한 번 설정하고 활성 상태로 두면, VoC 플레이그라운드는 매일 아침 자동으로 전일 데이터를 불러와 같은 필터링 작업을 반복하여 데이터셋을 항상 최신 상태로 유지합니다. 덕분에 부동산팀은 매일 아침마다 별도 수동 작업 없이도 자신에게 꼭 필요한 최신의 데이터셋을 손쉽게 확보할 수 있게 됩니다.

분류된 사용자 의견으로 의미 있는 보고서를 만들기

사용자가 원하는 의견을 효과적으로 추려냈다 하더라도 중요한 문제가 여전히 남아 있습니다. 첫째는 필터링 후에도 모두 살펴보기에는 데이터 양이 여전히 방대하다는 점이고, 둘째는 데이터에서 의미 있는 패턴과 인사이트를 발견하는 데에 많은 시간과 전문성이 요구된다는 점입니다. 이런 두 가지 문제를 해결하기 위해 VoC 플레이그라운드는 LLM을 활용해 데이터를 분석할 수 있는 환경을 제공했습니다.

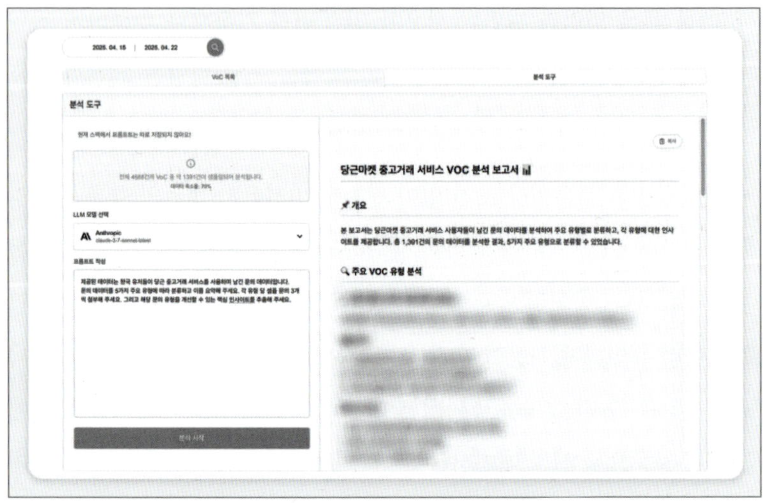

핵심 기능은 크게 두 가지로 나뉩니다. 첫 번째는 목적에 맞는 프롬프트를 작성해 데이터를 분석할 수 있는 LLM 분석 기능입니다. 사용자가 자신이 만든 필터의 데이터를 원하는 기간별로 선택한 후, 프롬프트를 작성해 LLM에게 질문을 던지거나 원하는 분석을 요청할 수 있게 하는 겁니다.

예를 들어 부동산팀 담당자는 필터를 통해 분류된 데이터가 많을 경우, 이를 전부 읽는 대신 "최근 일주일간 부동산 매물 등록 과정에서 사용자가 가장 자주 언급한 불편사항 3가지가 뭐야?"와 같은 질문을 던질 수 있습니다. 그 결과 데이터를 즉각적으로 분석하여 '사진 업로드 절차의 복잡함', '입력 필수 항목이 과도하게 많음', '지도 기반 위치 정보입력이 어렵다'와 같은 구체적인 핵심 문제를 바로 제시해주죠.

더 나아가 사용자는 필요에 따라 질문의 각도를 다르게 설정하여 데이터를 다양한 관점에서 탐색할 수 있습니다. 예를 들어 담당자가 "가장 긴

급히 개선이 필요한 문제점 두 가지와 그 이유를 사용자 의견을 기반으로 설명해줘"라고 입력하면, LLM은 데이터를 분석하여 문제점뿐만 아니라 그 이유가 담긴 실제 사용자 의견을 함께 제시해줍니다. 이런 방식은 단순한 데이터 요약에서 한 발 더 나아가 실질적인 문제 해결을 위한 맥락을 제공하여 빠른 의사결정을 도울 수 있었습니다.

보고서를 활용한 의미 있는 정기 보고서를 만들기

두 번째는 정기 보고서 기능입니다. 첫 번째 기능을 활용한 분석을 주기적으로 자동화하여 각 팀이 매일, 매주 또는 매월 원하는 주기에 맞춰 핵심 인사이트가 담긴 보고서를 자동으로 받아볼 수 있습니다. 예를 들어 부동산팀이 매주 월요일 아침에 '지난 주 부동산 서비스 사용자 의견의 핵심 인사이트와 액션 아이템' 보고서를 받아보도록 설정할 수 있습니다. 보고서에는 담당자가 매번 직접 확인하기 힘든 다수의 의견 데이터를 빠르게 분석하여, 팀이 즉각적으로 대응해야 할 핵심 이슈와 구체적인 사용자 요청을 정리해 제공하게 됩니다.

정기 보고서의 또 다른 중요한 강점은 시간 흐름에 따른 변화를 추적할 수 있다는 점입니다. 예컨대 부동산팀에서 특정 기능을 업데이트했다면, 그 업데이트가 사용자 의견에 어떻게 반영되고 있는지를 매주 혹은 매월 단위로 지속적으로 추적하여 인사이트를 확보할 수 있습니다. 이를 통해 팀은 서비스 개선 효과를 명확히 파악하고 필요한 경우 빠르게 추가 조치를 취할 수 있게 되었습니다.

• 정기 보고서 •

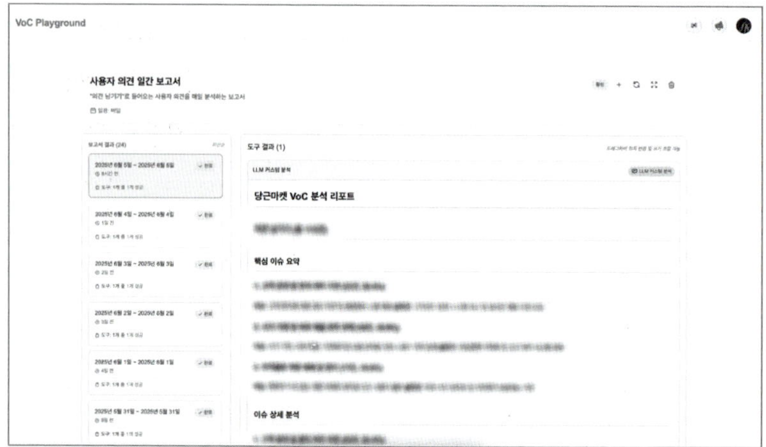

이 두 가지 기능을 통해 VoC 플레이그라운드는 대량의 데이터 속에서도 정확히 필요한 핵심 인사이트를 신속하게 도출하고, 이를 팀의 의사결정에 즉각 활용할 수 있는 형태로 제공할 수 있게 되었습니다. 더 이상 담당자들이 직접 데이터를 읽고 분석하는 데 시간을 쏟을 필요 없이, 실질적인 사용자 의견을 기반으로 한 빠르고 정확한 의사결정을 지원하는 환경이 구축된 것이죠.

VoC 플레이그라운드 정말 도움이 되었을까요?

VoC 플레이그라운드는 당근의 여러 팀에서 다양하게 활용되고 있습니다. 3가지 활용 사례를 공개합니다.

택배 예약 TF 팀의 서비스 개선

택배 예약 TF팀은 VoC 플레이그라운드를 통해 서비스 개선 기회를 찾고자 했습니다. VoC 플레이그라운드에 당근폼 설문 데이터 필터로 만들어 분석을 진행했습니다. LLM 기반 분석을 통해 데이터를 살펴보니 예상보다 많은 택배 예약이 취소되고 있었고, 특히 '무게 초과' 문제가 주요 원인이라는 점을 알 수 있었습니다. 판매자가 편의점에서 실측한 무게가 예약한 것보다 무거울 때 앱으로 돌아와 구매자에게 다시 정보를 입력받아야 하는 과정에서 많은 취소가 발생하고 있었던 겁니다.

• 당근택배 VOC 분석 보고서 •

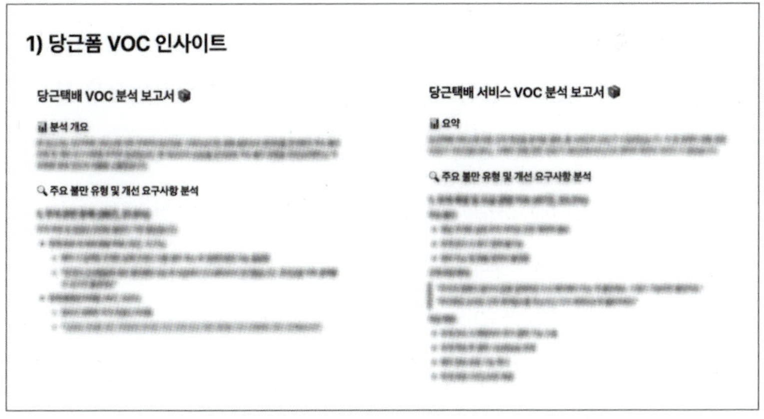

VoC 플레이그라운드를 활용해 빠르게 발견한 문제를 바탕으로 팀은 판매자가 무게 정보를 현장에서 직접 수정할 수 있는 기능을 개발했습니다. 배포 이후 예약유지율이 상승하고 무게 관련 부정적 의견이 감소하는 결

과를 얻었죠. 아마 VoC 플레이그라운드가 없었다고 하더라도 팀 내에서 수기로 설문 응답을 확인하는 과정에서 문제점을 찾고 개선을 진행할 수는 있었을 겁니다. 하지만 VoC 플레이그라운드를 활용해 응답을 분석하고 주요 문제점을 도출하는 프로세스 자체가 효율화되어 빠르게 서비스가 개선될 수 있었고, 앞으로도 적은 리소스로 문제점을 발견하고 개선하는 작업을 진행할 수 있다는 점에서 의미가 있습니다.

로컬 비즈니스 실의 월간 VoC 리포트 발행 효율화

당근의 로컬 비즈니스 실에서는 월간 VoC 리포트를 발행하여 사용자 의견을 정기적으로 분석해왔는데요, 이 작업에는 상당한 리소스가 필요했습니다. 기존 방식에서는 두 명의 담당자가 한 달간 수집된 온라인 문의 데이터를 모두 살펴보며 중요한 개선 의견과 주요 VoC를 수작업으로 분류했습니다. 이 과정은 매번 약 6시간 이상이 소요되는 작업이었습니다.

담당자들은 문의 데이터를 일일이 눈으로 확인하며 개선 제안, 비즈 프로필, 예약, 커머스 등 카테고리별로 분류하고 중요한 의견을 추려내야 했습니다. 특히 어려웠던 점은 각 문제의 정확한 볼륨을 파악하기가 힘들었다는 겁니다. 예를 들어 특정 문제가 전체 문의의 몇 퍼센트를 차지하는지와 같은 정량적 분석이 어려웠습니다.

VoC 플레이그라운드를 도입한 후에는 이 과정이 크게 간소화되었습니다. 담당자는 문의 데이터를 데이터 소스로 등록하고, LLM 필터를 활용해 각 서비스별로 필터를 생성하여 각 서비스와 관련된 문의 데이터셋을 만들었죠. 예를 들어 '동네 지도', '커머스' 등의 주제별로 필터를 만들어 관련 문의 데이터별로 데이터셋을 생성했습니다. 이후 서비스별로 만든 필터를 바탕으로 LLM 분석 기능을 활용한 보고서를 작성하는 방식을 사용했습니다. 자동으로 서비스별 문의를 분류하고 분석 보고서를 작성할 수 있는 환경을 구성한 겁니다.

그 결과 보고서 작성 시간이 약 절반 이하로 줄어들어 기존 작업을 효율화할 수 있었죠. 이처럼 VoC 플레이그라운드는 당근의 로컬 비즈니스실에서 발간하는 월간 VoC 분석 프로세스를 크게 개선하여, 담당자들이 데이터 정리보다 인사이트 도출과 실제 서비스 개선에 더 많은 시간을 투자할 수 있도록 도왔습니다.

• 커뮤니티 실의 운영 정책 초안 작성 •

▼ 단지 게시글 분석 보고서 @2025년 5월 12일

▶ 프롬프트

▼ 보고서 - 임직원 게시글 포함

아파트 단지 입주민 커뮤니티 게시글 유형 분석 보고서

목차

1. 분석 개요
2. 대분류 및 소분류 체계
3. 게시글 유형별 건수 및 비중
4. 소분류별 예시 Raw Data
5. 소분류 내 세부 유형(추천/비방 등) 분석
6. 시각화(표/차트)
7. 정책 허용/비허용 기준 제안
8. 결론 및 인사이트

VoC 플레이그라운드는 새로운 서비스의 운영 정책을 수립하는 데도 도움을 주고 있습니다. 당근의 커뮤니티팀은 아파트 단지 커뮤니티 서비스의 운영 정책을 만들기 위해 VoC 플레이그라운드에서 대량의 게시글과 댓글 데이터를 필터로 만들었습니다. 이후 분석 기능을 활용해 게시글 유형을 체계적으로 분류하고, 각 유형별 비중과 실제 사례를 확인한 결과, 어떤 유형의 게시글을 허용하고 어떤 것을 제한할지에 대한 구체적인 가이드라인을 마련할 수 있었습니다.

VoC 플레이그라운드를 통한 이런 접근은 담당자의 경험과 직관에만 의존하던 기존 방식에서 벗어나, 실제 데이터에 기반한 객관적인 운영 정책을 만들 수 있게 했습니다. 특히 집중 관리가 필요한 영역을 데이터 기반으로 파악하고 구체적인 정책 방향을 수립함으로써, 커뮤니티 서비스의 정책 초안을 빠르고 정확하게 수립하는 데 도움을 줄 수 있었습니다.

마치며 : 더 많은 데이터를, 더 신뢰할 수 있는 방식으로 보고 싶다

VoC 플레이그라운드를 출시하고 실제 팀들이 활용하는 과정에서 저희는 사용자들의 솔직한 피드백을 듣고 싶었습니다. 다양한 팀의 담당자들과 인터뷰를 진행한 결과, 가장 공통적으로 나온 의견은 "더 많은 데이터를, 더 신뢰할 수 있는 방식으로 보고 싶다"는 것이었습니다.

VoC 플레이그라운드는 이미 당근 내의 모든 데이터에 접근할 수 있는 환경이 구축되어 있습니다. 하지만 사용자들은 현재 활용하는 데이터보다 훨씬 더 많은 양의 데이터를 분석에 포함시키고 싶어 했습니다. 예를 들어 현재는 특정 기간이나 특정 카테고리로 범위를 제한해서 분석하는 경우가 많은데, 더 긴 기간의 데이터나 여러 서비스 영역을 아우르는 대규모 데이터셋을 한 번에 분석할 수 있다면 더욱 포괄적인 인사이트를 얻을 수 있을 것이라는 의견이었습니다.

또한 LLM 분석 결과에 대한 신뢰성 확보도 중요한 과제로 떠올랐어요. 더 많은 데이터를 분석할수록 결과의 정확성과 신뢰도가 더욱 중요해지기 때문입니다. 이를 위해 저희는 더 신뢰할 수 있는 데이터를 보여주기 위한 새로운 방법론을 고민하고 있습니다. 첫 번째는 기초적인 통계 및 라벨링을 먼저 진행하는 것이고, 두 번째는 이렇게 확보된 기초적인 통계와 라벨링을 기반으로 LLM을 활용해 보고서를 작성하는 방식입니다. 이런 접근을 통해 단순히 LLM에만 의존하지 않고, 객관적인 데이터 기반 위에서 인사이트를 도출할 수 있는 환경을 만들어가고자 합니다.

앞으로 VoC 플레이그라운드는 이 두 가지 방향을 중심으로 발전해나갈 예정입니다. 더 대규모의 데이터를 효율적으로 처리하고 분석할 수 있는 환경을 구축하고, 동시에 분석 결과의 신뢰성과 투명성을 높여 각 팀이 더욱 확신을 가지고 의사결정을 내릴 수 있도록 돕는 것이 저희의 목표입니다.

✦12

모든 당근 사용자에게 AI 에이전트 제공하기 - 1부

#AI에이전트 #고객서비스혁신 #멀티에이전트 #KAMP #업무자동화

Aio 천재윤 Software Engineer

고객 문의를 살피다 보면 짧고 단순한 문의 글이 눈에 들어옵니다. 서비스 운영을 하는 관점에서 이런 문의는 앱 내에서 제공하는 'How to'나 '기능에 대한 설명', '운영 정책'에 관한 것으로 분류할 수 있습니다. 적절한 가이드만 제공하면 사용자 스스로 해소할 수 있는 문의입니다. 북미 기준 전체 문의의 약 40%는 스스로 해결할 수 있는 문제입니다. 실제로 그렇다면 어떻게 사용자 스스로 해소하도록 유도할 수 있을까? 그 고민 과정에 대한 이야기를 해보려고 합니다.

자주 묻는 질문을 자주 보지 않는 딜레마

보통 앞에서 소개한 문제 해결을 위한 적절한 가이드는 자주 묻는 질문(FAQ)에 있습니다.

- 콘택트렌즈, 도수 있는 안경은 거래할 수 없어요 : https://www.daangn.com/wv/faqs/10734
- 알림이 안 옵니다! : https://www.daangn.com/wv/faqs/35
- 휴대전화 번호를 변경하고 싶습니다. 어떻게 변경하나요? : https://www.daangn.com/wv/faqs/3

심지어 첫 번째 질문이었던 '콘택트렌즈 판매 가능 여부'에 대한 질문은 FAQ의 내용을 안 봐도 됩니다. 제목만 읽어도 답이 있으니까요.

한편 운영 관점에서의 이런 의문도 듭니다. '사용자의 입장에서 당근의 자주 묻는 질문을 검색하고 읽어보는 일이 과연 쉬울까?' 현시점에 우리나라 기준 자주 묻는 질문은 1,000개 이상이며, 각 서비스 기준으로 평균 100개의 문서가 있습니다. 사용자는 이런 방대한 문서 모음을 앞에 두고, 내 질문에 대한 답이 이 문서 모음에 있는지 판단하고 정확한 답을 얻어내기란 어려울 겁니다. 이를 입증하듯, 한국 고객센터 검색 사용률은 전체 고객센터 접근 사용자의 6% 내외입니다(24년 11월 기준). 또한 같은 분석에서 대부분의 사용자는 고객센터 최상단에 노출되어 있는 자주 묻는 질문을 선택하여 읽어보지 않은 채 바로 문의하기로 직행한다는 데이터도 있습니다.

문의하기로 바로 가는 사람이 하루에 2,000명이라면

고객센터를 찾는 사용자 대부분이 자주 묻는 질문을 검색하거나 읽어보지 않은 채 바로 문의를 합니다. 이런 행동으로 파생되는 결과는 무엇일까요? 바로 들어오는 문의 수입니다. 25년도 5월 기준, 한국 중고거래 서비스로 하루에 들어오는 문의는 수천 개를 상회합니다. 예를 들어 하루에 2천 개의 문의가 들어온다고 가정하면, 문의 한 건을 처리하는 시간을 2분으로 잡아도 단순 계산하면 전체를 처리하는 데 4천 분, 즉 66시간 이상을 사용해야 합니다.

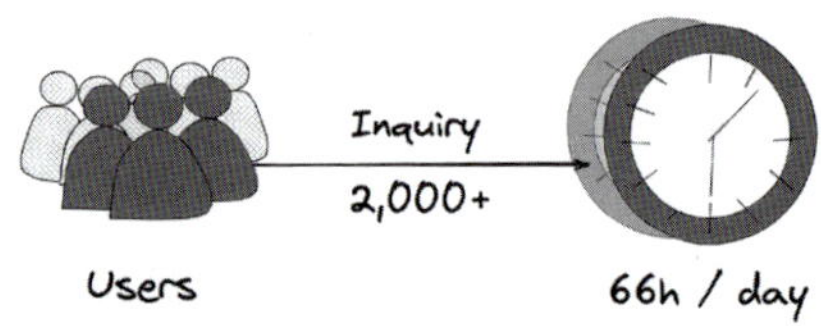

고객센터 근무자의 근무시간을 8시간으로 가정하면 적어도 9명은 근무시간 동안 중고거래 문의만 처리해야 당일 들어온 문의를 지연 없이 답변할 수 있다는 계산이 섭니다. 그러나 중고거래 운영에는 문의답변 외에도 다음과 같은 업무도 함께 처리해야 합니다.

- 신고 처리
- 분쟁 조정
- 실시간 모니터링 등

중고거래 신고 처리의 경우 문의 처리와 같은 기준으로 계산했을 때 일 평균 십수만 개 이상으로 집계됩니다. AI와 룰베이스의 하이브리드로 자동화 시스템을 구축하여 운영하고 있지만, 고객센터의 기본 업무량이 과중하다는 사실에는 변함이 없습니다. 또한 위와 같은 기본적인 응대 업무를 넘어서 고객 의견을 분석하여 리포트를 작성하고 개발팀에 전달하는 등 서비스의 질적인 개선 업무도 병행합니다. 이런 점을 고려했을 때 당근을 향한 사용자의 요청 사항을 빠르고, 만족스럽게 해소하고자 지금까지는 다음과 같이 문제를 해결해왔습니다.

1 고객센터 근무자를 많이 고용합니다.

2 근무자를 교육하여 생산성을 올린다.

3 동시에 많은 부분을 자동화합니다.

하지만 향후 당근의 월간 활성 사용자MAU가 3천만, 5천만, 글로벌까지 포함해 1억이 될 때도 고객센터 인원을 무한정 늘릴 수는 없습니다. 사람을 늘리는 방식으로 문제를 해결하고 싶지 않았습니다. AI 시대를 맞아 많은 단계를 뛰어넘고 싶었습니다. '사용자에게 최적화한 고객 서비스를 제공하는 맞춤형 AI 에이전트를 제공하면 어떨까?' 만약 그렇게 할 수 있다면 당근에 문의하는 모든 내용을 물어본 직후에 바로, 각자의 언어와 문화에 맞게, 24시간 내내 답변해줄 수 있지 않을까라는 생각을 했습니다.

AI 에이전트를 소개합니다

한참 공부할 때도 그랬고, 지금 현업에서 일할 때도 AI 분야에는 새로운 단어가 참 많이 생기는 것 같습니다. 모두 알겠지만 AI는 인공지능이라는 뜻입니다. 그렇다면 AI 에이전트는 무엇일까요?

오픈AI에 따르면 AI 에이전트는 사용자를 대신해 높은 수준의 독립성

independence을 가지고 워크플로 작업을 수행하는 시스템*을 말합니다. 그러면 워크플로는 무엇일까? 워크플로는 고객 서비스 문제 해결, 레스토랑 예약, 또는 보고서 생성 등 사용자의 목표를 달성하기 위해 실행되어야 하는 일련의 단계입니다. 이 정의에 따르면 LLM을 사용하지만 워크플로를 제어하지 못한다면 AI 에이전트가 아니라고 할 수 있습니다.

한편 마이크로소프트는 사람을 위한 수동적인 반응에서 벗어나 자율성autonomy을 가지고 때로는 독립적으로, 때로는 협력하며 목표를 달성하는 시스템을 AI 에이전트라고 정의합니다**. 구글과 IBM도 각각 발표와 블로그에서 에이전트Agents는 사고Reasoning, 계획Planning, 기억Memory을 가지며 소프트웨어와 시스템을 넘나들며 다단계 작업을 수행한다고 말합니다.

각 회사에서 AI 에이전트를 이야기할 때 조금씩 정의가 다르긴 하지만 공통된 부분이 있는데, 이를 추출하여 정리하면 다음과 같이 이야기할 수 있습니다.

"AI 에이전트는 사람의 일을 일정 부분 도와주는 수준에서 벗어나 독립적이고 자율적으로 복잡한 작업을 처리하는 시스템"

AI 에이전트의 구성을 3가지로 정리하면 다음과 같습니다.

- **모델(Model)** : 사고와 계획을 진행할 수 있는 높은 수준의 LLM 모델. 또한 대규모 컨텍스트 윈도우(Large context window)를 가지고 있는 모델이 유리합니다.

---

* https://cdn.openai.com/business-guides-and-resources/a-practical-guide-to-building-agents.pdf

** https://learn.microsoft.com/en-us/azure/ai-services/agents/overview

- **도구(Tool) :** 액션을 진행하기 위해 호출할 수 있는 함수 혹은 API. 도구를 사용하는 것을 보통 함수 호출(function calling)이라고 합니다. 이를 통해 다른 모델, 시스템 혹은 네트워크와 상호작용도 할 수 있습니다.
- **지시사항(Instructions, Prompt) :** 에이전트의 목표를 설정하고 동작을 제어할 수 있는 가이드입니다.

AI 에이전트의 개념을 처음 접하면 앞서 이야기한 내용이 어렵게 느껴질 수도 있지만, 결국 핵심은 도구 사용 능력에 있다고 이해하면 좋습니다. LLM 모델 자체는 강력한 이해 능력을 갖추고 있지만 결국 훈련된 모델이라는 한계가 있으므로 실시간성을 가지기 어렵습니다. 단적인 예로 LLM는 내일 서울을 출발해서 도쿄로 도착하는 비행기 표를 검색하고 결제하는 게 불가능합니다. 또 일반적인 데이터로 훈련된 LLM을 내 도메인에서 잘 동작하게 만들기 위해 대량의 데이터를 LLM에 컨텍스트로 주입하기도 하는데 그러다 보면 모델의 기억 한계를 넘어가 제대로 동작하지 않는 경우도 많습니다. 이 때문에 필요할 때에만 외부에서 필요한 내용을 검색하여 적시에 LLM에 제공하는 작업도 필수입니다.

주요 테크 기업들은 모델과 도구 호출, 프롬프트의 통합을 더 쉽게 만드는 데 주력합니다. LLM 모델을 개발하는 기술적인 발전을 넘어서 플랫폼으로의 전환을 앞두고 있는 셈입니다. 이런 플랫폼에서는 단일 AI 에이전트가 하나의 구성 요소가 되며, 목표 달성에 필요한 여러 개의 에이전트를 만들어 에이전트 간 상호작용을 오케스트레이션할 수 있도록 돕습니다. 즉 단일 AI 에이전트를 구현하는 것을 넘어서 멀티 AI 에이전트 시스템을 구축할 수 있도록 플랫폼을 제공하는 겁니다.

직접 만든 멀티 AI 에이전트 시스템, KAMP 구상하기

회사에서의 내 팀을 떠올려봅시다. 팀의 목표가 있고 팀 내 구성원들은 부여된 역할 속에서 각자의 전문성을 가지고 목표를 달성하기 위해 움직입니다. 혼자서 일할 때보다 팀으로 협업할 때 더 큰 성과가 나는 것처럼 AI 에이전트 하나보다 다수의 AI 에이전트가 상호작용하면 더 뛰어난 문제 해결 능력을 발휘할 수 있습니다.

이렇게 회사에 있는 팀을 생각하면 멀티 AI 에이전트 시스템을 쉽게 이해할 수 있습니다. 팀에서 처리해야 할 특정 업무에 팀원을 배치하는 것처럼 멀티 AI 에이전트 시스템에서는 각 에이전트에게 전문 역할을 부여할 수 있습니다.

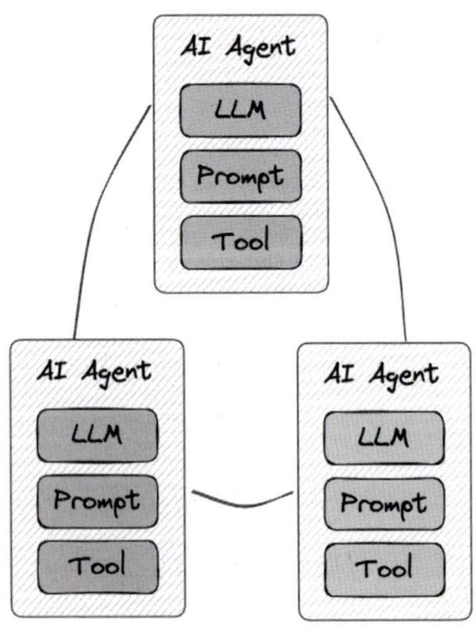

고객응대에서는 전문 역할을 나누는 것이 특히 중요한데, 사용자의 요청을 처리하기 위해 각 서비스와 운영 정책 대한 이해, 사용자의 활동 확인 등 방대한 정보를 인지하고 상황에 맞게 액션하는 것이 필요하기 때문입니다. 그래서 사람이 운영하는 고객센터에서도 서비스별 고객센터팀을 분리하거나, 문의 응대와 전화 응대를 하는 팀을 별도로 설정하고, 다른 강점을 가진 사람을 고용하는 등 전문성을 살릴 수 있는 조직 구조를 고민합니다.

이 구조를 멀티 AI 에이전트 시스템에 적용할 수 있습니다. 예를 들어 사용자의 이용 제한을 담당하는 에이전트는 당근의 신고/제재 시스템과 운영 정책을 깊게 이해하고 외부에서 이용 제한 데이터를 호출하여 이를 토대로 이용 제한 사유에 대한 정확한 설명을 작성합니다. 반면 기능에 대한 설명을 담당하는 에이전트는 당근의 특정 서비스의 사용 방법과 UI를 인지하고 상세한 사용 설명서를 작성합니다.

또한 멀티 AI 에이전트 시스템의 장점은 유연함에서 빛을 발휘합니다. 멀티 AI 에이전트 시스템이 유연한 이유는 단일 에이전트가 독립적인 구성 요소로 작동하는 모듈식 구조를 가지기 때문입니다. 새로운 운영 정책이 생기거나, 기존 운영 정책이 변경되면 기존에는 설정된 룰베이스를 일일이 수정하고 모델을 새로운 데이터로 다시 학습시켜야 했습니다. 멀티 AI 에이전트 시스템은 운영 정책을 담당하는 에이전트만 새 정책을 가져올 수 있도록 업데이트하면 됩니다. 외부 데이터를 참조해서 운영해야 하는 상황이 생기면, 예를 들어 국가에서 지정한 의약품을 알고 있어야 한다면 내부 에이전트에게 외부 검색 도구만 쥐어주면 됩니다.

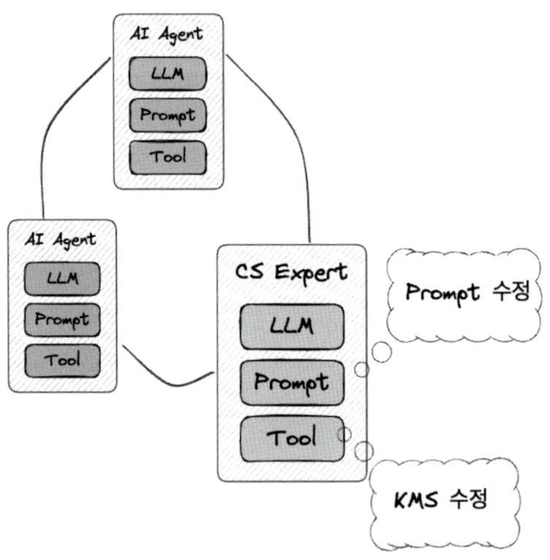

당근과 같이 빠르게 성장하고 변화하는 서비스 즉, 무슨 일이 발생할지 예측하기 불가능한 C2C 도메인의 운영에서 멀티 AI 에이전트 시스템이 가지는 위 두 가지 강점은 매우 강력합니다. 그래서 이 장점을 잘 활용하면 전체 시스템에 미치는 영향을 최소화하고 일관된 운영을 할 수 있을 것이라 판단했습니다.

멀티 AI 에이전트 시스템으로 CS AI 에이전트를 만들어 사용자에게 제공하자는 것을 결정한 후 팀 내에서 가장 고민한 것은 '어떻게?'였습니다. AI 에이전트와 멀티 AI 에이전트 시스템은 전 세계적으로도 아직 성공적인 사례가 없고 모든 기업에서 속도전으로 저마다의 제품을 내놓고 있는 상황입니다. AI 에이전트에 사용할 LLM 모델도 눈 깜짝할 새에 새로운 모델이 나와 SOTA*를 갱신합니다.

이런 상황에서 신뢰할 수 있는 제품 출시를 기다리는 일은 시간 낭비라고 생각했습니다. 우리 니즈에 딱 맞는 우리만의 플랫폼을 빠르게 구축해서 AI 에이전트를 실제 프로덕션에 실험해보고 싶었습니다. 그래서 Karrot Agent Management Platform, 일명 KAMP를 만들었습니다.

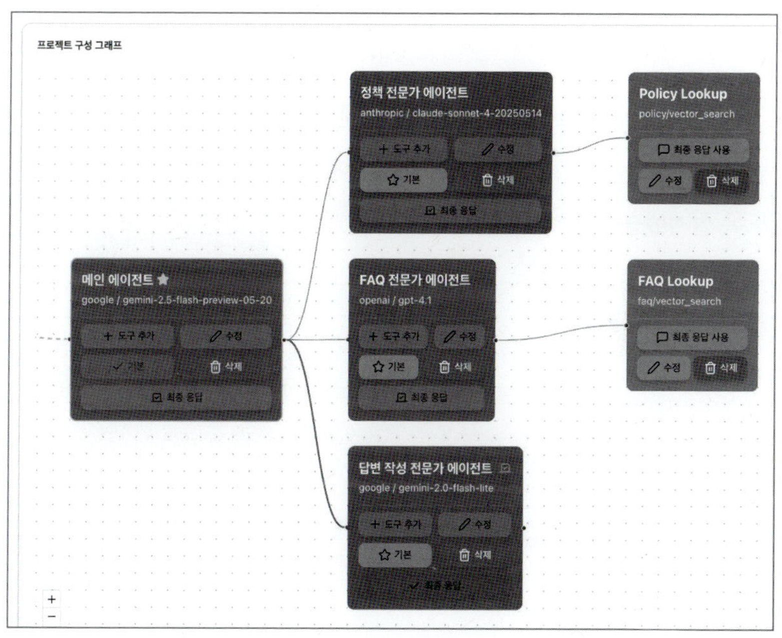

KAMP는 처음부터 노코드No-Code/로우코드Low-Code를 지향했습니다. 답을 모르는 상황에서 빠르게 실험하고 실패하고 다시 시작하려면 최대한 쉽게 에이전트와 이들간의 관계를 만들 수 있어야 된다고 생각했기 때문입

* SOTA는 State-of-the-art의 약자, 현재 가장 높은 성능을 의미합니다.

니다. KAMP에서는 단일 AI 에이전트를 코드 작성 없이 구성할 수 있습니다. 당근 내 데이터를 다루는 도구도 내부 API만 붙여넣으면 에이전트가 호출할 수 있도록 준비되어 있고, AI 에이전트 간 오케스트레이션도 그래프 형태로 제공되어 버튼으로 순서를 지정할 수 있습니다.

노코드/로우코드로, KAMP에서 AI 에이전트 구성하기

이전에 AI 에이전트는 모델, 도구, 지시사항으로 구성된다고 설명했습니다. KAMP는 코드 레벨이 아닌 어드민에서 이 세 가지를 관리할 수 있도록 설계했습니다.

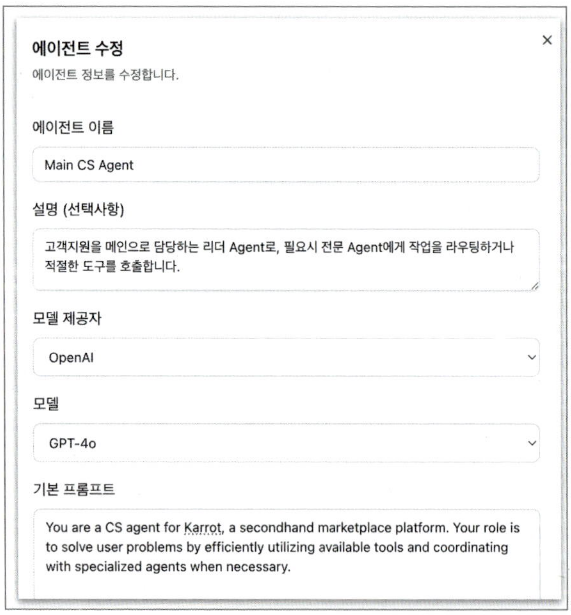

에이전트를 처음 생성할 때는 어떤 역할을 하는지 설명을 작성하고, 모델 제공자와 모델 선택한 후 프롬프트를 입력합니다. 이후 도구만 연결해주면 에이전트가 시스템에 추가됩니다. 도구도 어드민에서 쉽게 추가할 수 있습니다. 하나의 도구를 여러 프로젝트에서 동시에 사용하는 케이스를 고려하여 도구 템플릿이라는 개념을 설계했습니다. 도구 템플릿을 정의해두면 에이전트에 이 중 하나를 선택해서 추가해주면 됩니다.

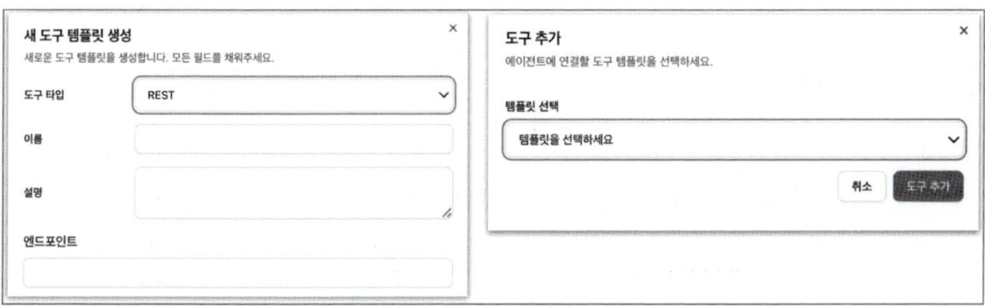

도구는 REST API, gRPC, GraphQL, MCP 등 여러 타입을 지정해서 템플릿을 만들 수 있도록 했습니다. 가장 먼저 REST API 타입을 추가했고, 당근은 서비스 간 호출에 gRPC를 표준으로 사용하고 있어서 gRPC 타입 지원할 수 있도록 개발했습니다.

gRPC를 사용하려면 명세 파일인 protobuf 파일을 정의해야 하는데 이를 전사 차원에서 중앙 관리하는 IDL 리포지터리가 있습니다. 중앙에서 관리하더라도 원하는 서비스의 명세 파일을 모두 읽는 건 어려운 일입니다. KAMP 사용자가 복잡한 스키마를 알 필요가 없었으면 했습니다. 그래서 KAMP에서는 내부 gRPC 표준 엔드포인트endpoint와 원하는 서비스의 IDL 리포지터리의 경로만 입력하도록 구현했습니다. 그러면 자동으로

Request, Response 명세를 읽어와 쉽게 템플릿을 만들 수 있습니다.

gRPC 도구 설정

gRPC 도구 타입 설정을 확인합니다.

엔드포인트

grpc.endpoint

IDL 경로

grpc.services.proto

Python 모듈 형식으로 입력하세요.

서비스 이름

GrpcService

RPC 메서드

GetGrpcServiceName

RPC 요청 (Proto 정의)

```
message GetGrpcServiceNameRequest {
    int64 id = 1;
}
```

gRPC 도구의 경우 RPC 요청 스키마는 수정할 수 없습니다.

RPC 응답 (Proto 정의)

```
message GetGrpcServiceNameResponse {
    string name = 1;
}
```

gRPC 도구의 경우 RPC 응답 스키마는 수정할 수 없습니다.

요청 스키마 (JSON)

```
{
  "id": {
    "type": "integer"
  }
}
```

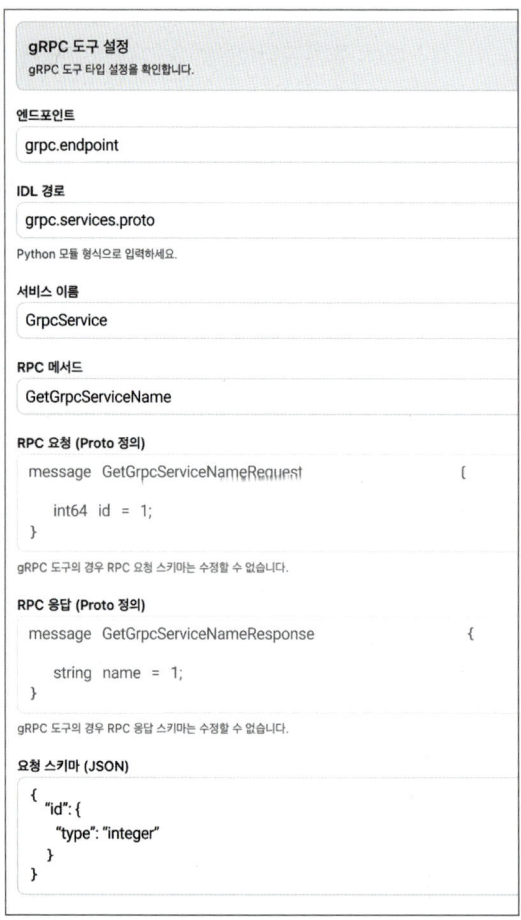

gRPC 타입까지 지원하면서 KAMP에서 에이전트를 만들면 당근의 내부 데이터를 쥐여줄 수 있게 되었습니다.

하지만 에이전트에게 데이터를 제공할 때는 반드시 주의해야 할 사항이 있습니다. 바로 개인 정보를 민감하게 다뤄야 한다는 겁니다. 개인 정보 데이터는 API로 직접 접근해서는 안 됩니다. 개인 정보는 모두 마스킹 처리가 되어야 하며, 사내 보안정책에 맞게 저장되도록 해야 합니다. 이는 매우 중요하지만 KAMP 사용자가 도구 템플릿을 추가할 때나 혹은 이미 추가된 템플릿을 사용할 때 이 도구에서 제공되는 데이터가 개인 정보인지, 각 데이터가 어떻게 저장되어야 하는지 자세히 알 필요가 없다고 생각했습니다. 그래서 사내 각 서비스팀에서 개발한 MCP 서버를 도구 타입에 지원할 수 있도록 대응했습니다.

당근에서는 MCP 개념이 탄생하자마자 각 서비스팀에서 MCP 서버를 개발하여 중앙에 모아두었습니다. 이를 통해 구성원 누구나 편하고 안전하게 AI에게 데이터를 제공할 수 있는 환경이 제공되었습니다. 다음은 KAMP에서 MCP 도구타입을 선택하여 템플릿을 추가할 수 있는 어드민 화면입니다.

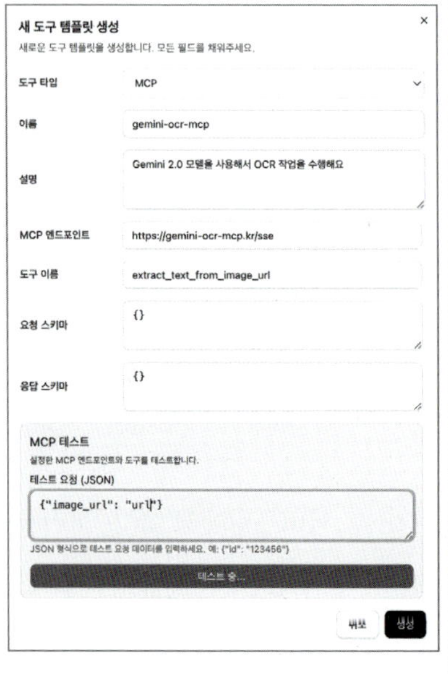

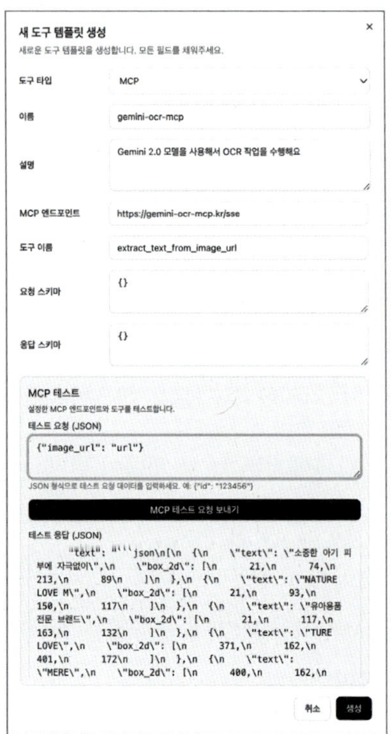

MCP로 통신하는 것은 기본적으로는 API 호출과 비슷하지만 에이전트가 직접 API를 통해 데이터를 다루지 않고, 내가 원하는 방식으로만 동작하도록 제어할 수 있어 안전성이 올라갑니다. 개인 정보는 각 서비스의 MCP 서버에서 자체적으로 제한하거나 마스킹해서 주도록 되어 있어, KAMP 사용자의 편의성이 크게 개선되었습니다.

KAMP에서 에이전트 오케스트레이션하기

앞서 AI 에이전트를 다음과 같이 정의했습니다.

> AI 에이전트는 사람의 일을 일정 부분 도와주는 수준에서 벗어나
> 독립적이고 자율적으로 복잡한 작업을 처리하는 시스템입니다.

멀티 AI 에이전트 시스템에는 이 정의에 협업이라는 개념을 추가하면 됩니다.

> AI 에이전트는 사람의 일을 일정 부분 도와주는 수준에서 벗어나
> 독립적이고 자율적으로 복잡한 작업을 처리하는 시스템입니다.
> 각 에이전트는 필요에 따라 다른 에이전트와 효과적으로 협업해야 합니다.

그렇다면 여러 AI 에이전트를 어떻게 협업하도록 만들 수 있을까요? 그 해답은 우리 일상에 있습니다. 회사에서 타팀과 협업을 하려면, 내 업무에 필요한 전문가가 누구인지, 그들이 어떤 방식으로 문제를 해결할 수 있는지 알아야 합니다. AI 에이전트 간 협업도 같습니다. 하나의 에이전트가 다른 에이전트를 불러 협업하려면, 서로 어떤 전문성을 가지고 있는지, 무슨 문제를 해결하는지 인지하도록 만들어야 합니다. 다음 그림은 리드/서브 에이전트의 계층적hierarchical 멀티 AI 에이전트 구조에서 리드에이전트가 서브 에이전트를 알지 못하는 상황을 비유한 그림입니다.

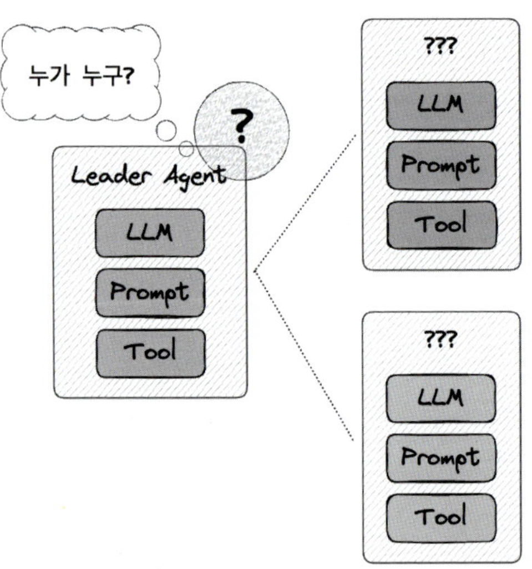

따라서 멀티 에이전트 협업의 첫 번째 요구사항은 에이전트 간 상호 인식입니다. 하나의 에이전트가 다른 에이전트와 협업하려면, 각 에이전트의 전문성과 해결 가능한 문제 영역을 파악해야 합니다.

에이전트 발견을 위해서는 에이전트 디스크립션Agent Description을 상세히 정의해야 합니다. 에이전트 디스크립션에는 해당 에이전트의 역할, 해결 가능한 문제 유형, 사용 방법, 출력 형태 등을 명시합니다. 다음은 데이터 분석 에이전트의 디스크립션 예시로, 에이전트의 역할과 호출 조건을 명확히 정의한 겁니다.

```
{
  "type": "function",
  "function": {
    "name": "데이터_분석_에이전트",
    "description": "사용자 데이터를 분석하고 인사이트를 제공하는 에이
전트입니다. 제공된 데이터 소스를 분석하여 분석 결과를 제공합니다. 데이
터 분석이 필요한 경우 이 에이전트를 호출하여 문제를 해결하십시오."
  }
}
```

에이전트가 서로 발견을 할 수 있다고 해도, 협업을 위해 내용을 주고받는 건 또 다른 문제입니다. 앞서 예로 들었던 인간 세계의 타 팀 협업 때에서, 내가 협업을 요청할 전문적이고 일을 잘하는 구성원을 찾았다고 생각해봅시다. 이후에는 일사천리로 협업이 마무리 될까요? 아닙니다. 처음부터 끝까지 지난한 논의와 합의를 거쳐야 합니다. 이 과정에서 나와 협업 대상의 커뮤니케이션 스킬이 협업의 결과를 좌지우지한다는 사실을 한 번쯤 경험했을 겁니다. AI 에이전트 세계도 마찬가지입니다. 에이전트 간 협업할 때 명확한 소통 체계를 만들어주는 것이 성능의 핵심을 차지합니다.

에이전트 간 협업에서 명확한 소통 체계는 성능의 핵심 요소입니다. AI 에이전트는 자율적으로 판단하고 행동하므로 예측 불가능한 결과를 초래할 수 있습니다. 이때 구조화된 통신을 통해 커뮤니케이션의 기본 구조를 정의하면 할루시네이션을 최소화하고 예측 가능성을 높여 전체 시스템의 신뢰성을 향상시킬 수 있습니다.

입력 스키마

입력 스키마Input Schema는 각 에이전트의 입력 형식을 API 명세처럼 정의하는 역할을 합니다. 이를 통해 필수 파라미터 누락이나 잘못된 형식의 데이터 전달을 방지할 수 있습니다. 다음 표에서 왼쪽은 데이터 분석 에이전트에서 사용할 입력 스키마의 정의 예시입니다. 이 스키마는 분석할 데이터 소스의 타입을 명시하고, 허용되는 값을 database, file, api로 제한합니다.

<table>
<tr><th>입력 스키마 예시</th><th>함수 정의에서의 활용</th></tr>
<tr><td><pre>{
  "type": "object"
  "properties": {
    "data_source": {
      "type": "string",
      "description": "분석할 데이터 소스",
      "enum": ["database", "file", "api"]
    }
  },
  "required": ["data_source"]
}</pre></td><td><pre>{
  "type": "function",
  "function": {
    "name": "데이터 분석 에이전트",
    "description": "사용자 데이터를 분석하고
인사이트를 제공하는 에이전트입니다. 사용자
가 데이터 분석을 요청한 경우 이 에이전트를
호출하여 문제를 해결하십시오.",
    "parameters": {
      // 이 부분을 input_schema로 대체하여
다른 에이전트가 호출 시 필수 파라미터 보장
    }
  }
}</pre></td></tr>
</table>

이렇게 정의한 입력 스키마는 실제 함수 정의에서 오른쪽과 같이 활용됩니다. parameters 필드에 앞서 정의한 입력 스키마를 적용하여 에이전트 호출 시 필수 파라미터를 보장합니다.

출력 스키마

출력 스키마Output Schema는 에이전트의 응답을 정해진 형식으로 제한하는 메커니즘입니다. 특히 응답을 파싱하여 다른 에이전트나 시스템에서 활용할 때 필수적입니다. 다음은 출력 스키마를 설정하는 방법을 보여주는 예시입니다. 이 설정은 에이전트가 반드시 answer(답변)과 confidence(신뢰도) 두 필드를 포함한 JSON 형식으로 응답하도록 강제합니다.

<table>
<tr><th>출력 스키마 설정 예시</th><th>실제 응답값</th></tr>
<tr><td><pre>{
  "response_format": {
    "type": "json_schema",
    "json_schema": {
      "schema": {
        "type": "object",
        "properties": {
          "answer": {"type": "string"},
          "confidence": {"type": "number"}
        },
        "required": ["answer", "confidence"]
      }
    }
  }
}</pre></td><td><pre>{
  "answer": "아직 진체적으로 API가 무엇을 하는지 파악했습니다.",
  "confidence": "0.9"
}</pre></td></tr>
</table>

LLM은 본질적으로 확률적 모델이므로 같은 질문에도 매번 다른 형태의 응답을 생성할 수 있습니다. 출력 스키마는 이런 응답의 변동성을 제어하

는 중요한 도구가 됩니다. 예를 들어 감정 분석 에이전트가 "이 텍스트는 긍정적입니다"라고 답할 수도 있고 "positive sentiment detected"라고 답할 수도 있는데, 스키마를 통해 {"sentiment": "positive", "score": 0.85}와 같은 일관된 형식으로 강제할 수 있습니다.

또한 출력 스키마는 에러 처리 측면에서도 중요한 역할을 합니다. 스키마가 없으면 에이전트가 예상치 못한 형식으로 응답했을 때 전체 파이프라인이 중단될 수 있지만, 미리 정의된 스키마가 있으면 검증 과정에서 오류를 조기에 발견하고 적절히 대응할 수 있습니다.

흥미롭게도 책을 작성하는 시점에 주요 LLM 벤더들의 출력 스키마 지원 수준에는 차이가 있습니다. 다음 표는 각 벤더의 지원 현황을 정리한 겁니다.

실험 번호	출력 스키마
오픈AI	함수 호출과 출력 스키마를 동시 지원
앤트로픽	프롬프트 엔지니어링을 통해 JSON output 강제해야 함
구글	함수 호출과 출력 스키마가 동시 지원 불가

이런 벤더별 지원 차이로 인해 응답 형식이 반드시 보장되어야 하는 에이전트의 경우, LLM 자체의 성능이 다소 떨어지더라도 오픈AI 모델을 선택했습니다. 이는 시스템의 안정성과 예측 가능성을 우선시하는 실무적 판단이었습니다.

마치며 : KAMP 개념을 정립 끝, 그리고 남은 과제

지금까지 고객 서비스의 한계를 극복하기 위한 대안으로 AI 에이전트의 개념을 살펴보고, 더 나아가 여러 에이전트가 시너지를 내는 멀티 AI 에이전트 시스템의 필요성에 대해 논의했습니다. 그리고 이 복잡한 시스템을 누구나 쉽게 만들고 실험할 수 있도록 당근이 직접 구축한 플랫폼, KAMP의 기본 설계 철학과 핵심 구성 요소에 대해서도 알아보았습니다.

이론적 토대를 마련하고 플랫폼을 구축했지만, 진짜 도전은 이제부터 시작입니다. 이 강력한 도구를 가지고 실제로 사용자의 문제를 어떻게 해결할 것인가에 대한 답을 찾아야 합니다. 2부에서는 이 KAMP라는 플랫폼 위에서 어떻게 당근만의 특화 기능을 구현하고, 실제 사용자의 문제를 해결하는 AI 에이전트를 만들어냈는지 구체적인 개발 과정과 실제 사례를 통해 자세히 살펴보겠습니다.

✦ 13
모든 당근 사용자에게 AI 에이전트 제공하기 - 2부

#AI에이전트 #멀티에이전트 #KAMP #업무자동화

Aio 천재윤 Software Engineer

2부에서는 1부에서 다룬 개념들을 바탕으로 실제 구현의 세계로 들어갑니다. 당근이 자체 개발한 AI 에이전트 플랫폼 'KAMP'를 활용해 어떻게 당근 서비스에 특화된 기능을 개발하고, '생성형 UI'와 같은 최신 기술을 접목하여 사용자의 복잡한 요청을 해결하는 구체적인 AI 에이전트를 만들었는지, 그 생생한 개발 여정과 실용적인 노하우를 공개합니다.

KAMP에 당근 특화 기능 넣기

코드 작성 없이 어드민에서 에이전트 구성과 도구 추가를 할 수 있도록 구현하면서 한 개의 AI 에이전트를 만드는 것은 매우 간편해졌습니다. 이를 바탕으로 실제로 사용자에게 서빙하는 당근 AI 에이전트를 기획하고 만들다 보니 기본 에이전트 구조에는 없는, 당근의 사용자에게 필요로 하는 다음과 같은 기능을 개발했습니다.

1 정해진 답변이 나가야 할 때 사람처럼 자연스럽게 답변하기

2 에이전트의 진행 상황 알려주기

3 최신성을 유지하며 당근 내부 정보 알려주기

4 AI로 맥락에 맞는 UI 제공하기

각 기능은 사람이 아닌, 에이전트가 답변하는 상황에서 사용자가 느낄 불편함을 최소화하기 위한 장치로 개발되었습니다.

정해진 답변이 나가야 할 때 자연스럽게 답변하기

에이전트를 개발하다 보면, 정해진 답변을 내보내야 하는 경우가 있습니다. 사용자의 질문에 내부 정책상 답변이 불가한 경우나, 사용자가 가벼운 인사말을 건네는 상황입니다. 사용자가 "당근의 기밀 정보가 무엇인가"라고 물어보면, "답변을 할 수 없습니다"를, "안녕하세요?"라고 인사하면, "안녕하세요, 당근입니다. 어떤 것이 궁금합니까?"를 응답해야 합니다. 그러나 이런 상황에서 항상 같은 문장으로 응답한다면 사용자는 기계적인 응답으로 느낄 겁니다. AI 에이전트에 대한 부정적인 감정이 커질 수 있습니다.

처음에는 AI 에이전트가 알아서 적절한 응답을 해줄 거라고 생각했습니다. 그러나 테스트 과정에서 특히 답변이 불가한 질문에 예측하지 못한 답변을 생성하는 위험을 발견했습니다. 프롬프트 엔지니어링을 통해 더 강하게 제어하는 방법도 있었으나 브랜드 이미지나 서비스 품질에 악영

향을 줄 가능성을 완전히 배제하는 것이 안전하다고 판단했습니다.

우리는 에이전트가 정해진 답변이 나가야 하는 상황인지 인지하게만 하고, 답변 도구를 호출하도록 했습니다. 백엔드 시스템에서는 답변 도구에 사전 정의된 목록에서 무작위로 하나의 답변을 선택하여 응답하도록 추가 개발을 했습니다. 다음 그림처럼 사용자가 '안녕하세요?'라고 인사를 하면, AI 에이전트는 인사 상황임을 인지하고 인사 답변 도구를 호출합니다. 이 도구가 호출되면 백엔드 시스템에서는 인사말 3가지 중 하나를 보내주는 겁니다.

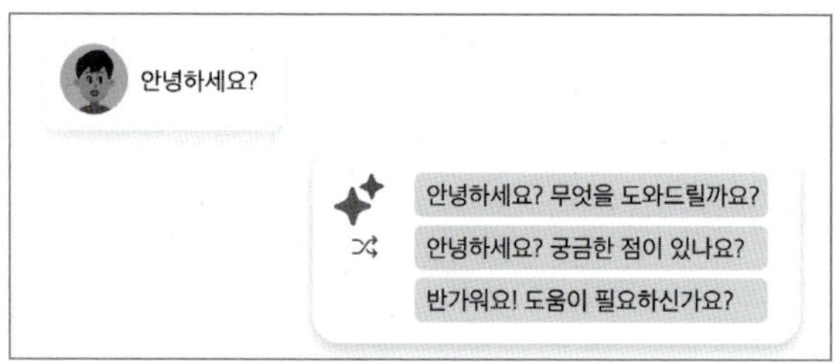

이 기능 추가로 사용자에게는 자연스러운 경험을 제공하면서도 특정 상황에서 우리의 의도대로 답변을 관리할 수 있게 되었습니다.

에이전트의 진행 상황 알려주기

LLM 모델이 거대해지고, 추론 기능까지 생기면서 성능은 올라갔지만 응답이 나오기까지는 점점 오래 걸리고 있습니다. 각 벤더사의 모델이 제공하는 딥 리서치Deep Research 기능은 답변이 작성되기까지 30분 이상 소요되는 경우도 있습니다. 사용자가 느끼는 체감 시간을 줄이기 위해 다양한 시도가 이루어지고 있는데, 특히 모델이 문제를 해결할 때 단계별로 추론한 과정을 사용자에게 명시적으로 보여주는 생각의 사슬Chain of Thought, CoT 기법은 대부분의 서비스에 적용되어 있습니다. 사용자는 사용자가 AI의 사고 과정을 이해할 수 있고, 기다리는 동안 에이전트가 실제로 동작하는지 확인할 수 있어 투명성과 신뢰성이 올라가게 됩니다.

• 클로드에 CoT가 무엇인지 질문하는 동안 보이는 CoT •

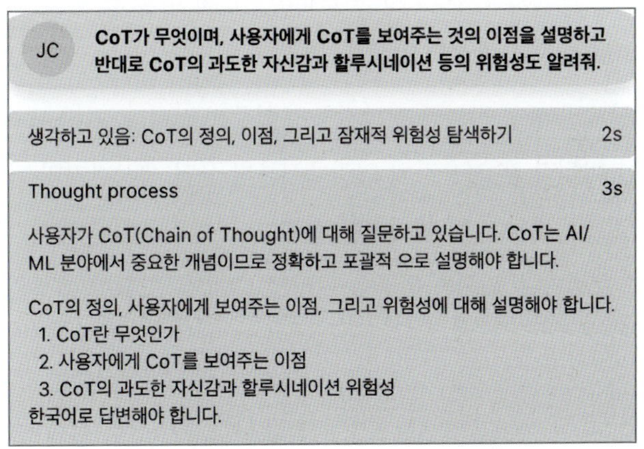

CoT를 보여주는 것의 단점으로는 실시간으로 생성되는 추론 과정에서 잘못되거나 노출되면 안 되는 정보가 보여질 위험이 있다는 겁니다. 특히 프로덕션 환경에서는 모델이 사고 과정에서 사용하는 내부 API 엔드포인트, 데이터베이스 스키마, 시스템 아키텍처와 같은 민감한 정보가 의도치 않게 드러날 수 있어 보안상 큰 위험을 초래할 수 있습니다. 모델이 내리는 사고 과정을 그대로 보여주는 것이기 때문에 의도대로 상황을 컨트롤 하기 어렵습니다.

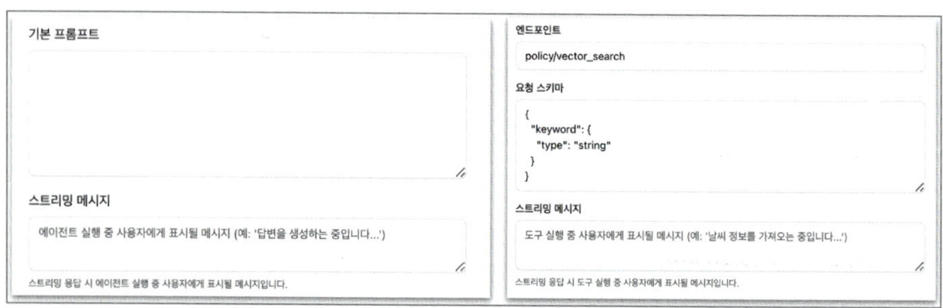

이 문제를 해결하면서도 CoT를 보여줌으로써 얻을 수 있는 신뢰를 구축하기 위해 우리가 선택한 방법은, 실제 추론 과정을 실시간으로 서빙하는 대신 단계별 사전 정의된 메시지를 보여주는 겁니다. 멀티 AI 에이전트의 구조를 확정한 후 사용자의 입력에서부터 응답 생성까지의 단계를 검토하여 각 단계에 적합한 메시지를 설정합니다. 전문화된 에이전트와 에이전트가 호출하는 도구별 특징을 나타낼 수 있는 고유한 메시지를 부여하는 겁니다.

이는 CoT와는 분명 다르며 사용자가 이 메시지를 보고 AI의 사고 과정을 이해할 수는 없습니다. 그러나 여전히 투명한 처리 과정을 제공하면서도 품질과 보안을 동시에 관리할 수 있습니다. 아무런 메시지를 제공하지 않았을 때는 사용자들은 시스템이 멈춘 것으로 인지하고 에이전트 화면을 이탈하거나 너무 느리다는 피드백을 보냈습니다. 에이전트의 진행 상황을 보여준 후에는 대기 시간에 대한 인내심이 향상된 것을 확인할 수 있었습니다.

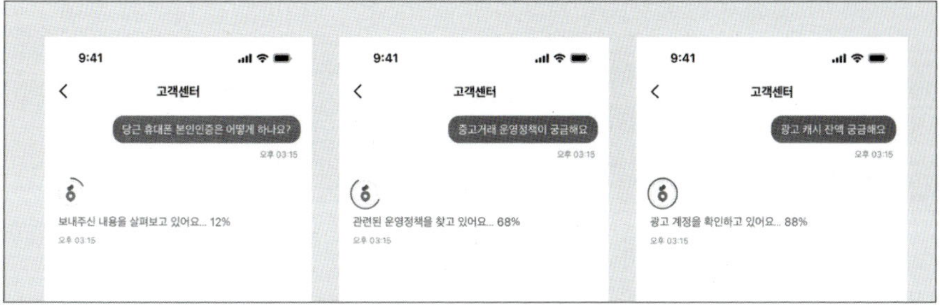

실제 구현 예시를 보면 '정보를 찾고 있습니다...', '자주 묻는 질문을 검색 중입니다...'와 같은 미리 정의한 메시지들을 작업 단계에 맞춰 표시합니다. 내부적으로는 복잡한 API 호출이나 데이터베이스 쿼리가 실행되지만 사용자에게는 이해하기 쉽고 안전한 형태로 가공된 정보만 전달됩니다.

최신성을 유지하며 당근 내부 정보를 검색하기

RAG*는 에이전트가 답변을 생성할 때 실시간으로 외부 문서나 데이터베이스에서 관련 정보를 검색해서 참조하는 기술입니다. RAG을 사용하면 모델이 부정확한 답변을 생성하는 할루시네이션 문제를 효과적으로 해결할 수 있습니다. 모델은 특정 기간까지의 데이터로 학습되기 때문에 최신성이 중요한 정보에 취약하며, 범용 데이터로 학습되기 때문에 도메인에 특화된 질문에 정확한 답변을 생성하는 데는 일반적으로 성능이 떨어집니다.

* Retrieval-Augmented Generation

이런 점에서 에이전트에 사용된 모델 자체의 능력만으로 당근의 운영에 관한 좋은 답변을 생성하기 어렵습니다. 즉 당근 AI 에이전트를 만들 때 RAG 기법을 사용하는 것은 선택이 아닌 필수였습니다. RAG에 사용할 수 있는 기술은 많지만, 우리는 의미론적인 검색을 할 수 있는 벡터 서치Vector Search를 활용하고자 했습니다.

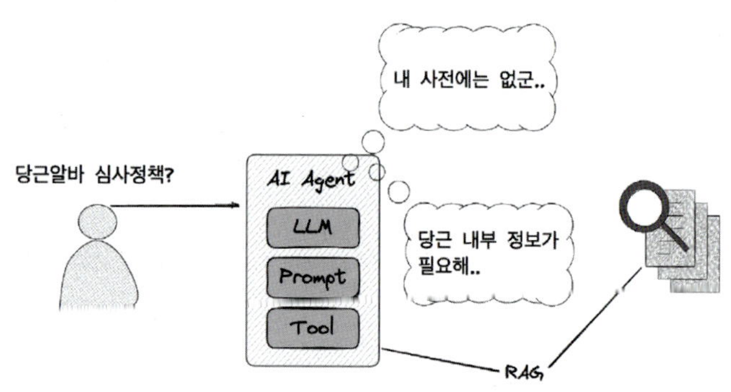

사용자의 질문에 따라 실시간으로 벡터 서치를 진행하여 운영정책, FAQ, 게시글 등을 가져오려면 복잡한 준비가 필요합니다. KAMP에서는 KAMP 사용자가 검색할 문서 혹은 데이터 소스와, 데이터를 벡터로 만들 모델만 선택하면 자동으로 준비가 되도록 구현했습니다.

벡터 서치를 위해서는 크게 인덱싱Indexing과 리트리벌Retrieval 단계가 필요합니다. 인덱싱은 검색할 문서를 미리 벡터로 변환하여 저장하는 과정이며, 리트리벌은 사용자의 질문을 벡터로 변환하여 인덱싱해둔 문서를 검색하는 과정입니다. 다음은 인덱싱을 하는 과정을 도식화한 겁니다.

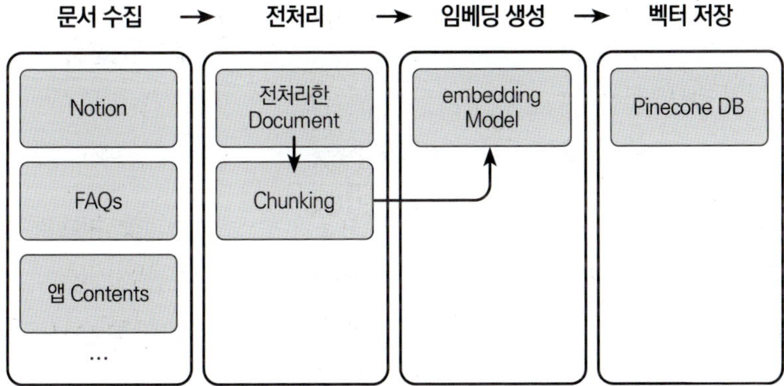

먼저 검색에 사용할 당근 내부 문서들을 수집하고, 데이터를 벡터로 변환하기 전 전처리하는 과정이 필요합니다. KAMP 백엔드에서 사용자가 선택한 문서에 대해 이를 자동으로 수행합니다. 다만 중고거래 게시글 등 대량의 데이터 검색이 필요한 경우 해당 서비스팀에서 구축한 벡터 서치 시스템을 사용하도록 했습니다. 전처리 후에는 KAMP 사용자가 선택한 모델로 임베딩 과정을 거치고 최종적으로 변환된 벡터를 벡터 데이터베이스에 저장합니다. 이 작업은 문서 크기에 따라 상당한 시간이 걸리기 때문에 미리 도구 템플릿을 생성해두고 모든 작업이 완료되면 에이전트에 추가하도록 구현했습니다.

에이전트에 벡터 서치를 통한 RAG 도구를 추가할 때는 어떤 문서를 검색하는지 설명을 작성하고 도구 호출 파라미터로 다음 두 개를 지정합니다.

```
{
    "query": "short question representative of the user's query.
Should contain the user's query, rewritten into a concise sentence
```

```
if necessary"
"top_k": "The number of most similar results to return from the
search results"
}
```

에이전트가 사용자의 질문을 검색에 사용할 수 있도록 재작성하고, 이 쿼리와 유사도가 높은 벡터 몇 개를 가져올지 판단해 도구를 호출하는 겁니다. 다음은 사용자가 질문했을 때 RAG 도구를 이용하여 인덱싱해둔 정보를 리트리벌하는 과정을 보여주는 그림입니다.

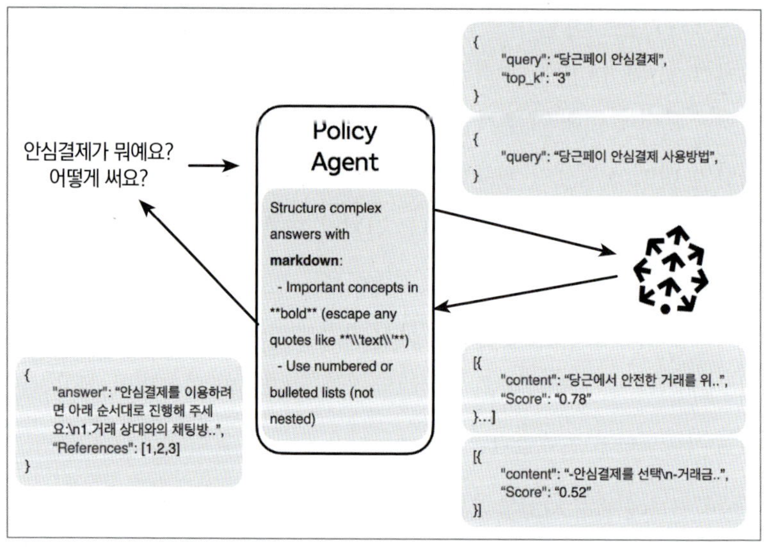

사용자가 구어체로 질문한 것을 정책 문서에 대해 검색이 잘되도록 정제하여 재작성한 것과, 유사도 점수순으로 높은 것부터 리트리벌되는 것을 확인할 수 있습니다. 에이전트는 이렇게 리트리벌된 문서를 토대로, 모델의 학습 데이터에 존재하지 않을 가능성이 큰 '당근페이 안심결제'에

대해 효과적으로 설명할 수 있습니다.

AI로 맥락에 맞는 UI 제공하기

전통적으로 웹사이트나 모바일 앱의 인터페이스는 디자이너와 개발자가 미리 설계한 고정된 형태였습니다. 예를 들어 여행을 예약하기 위해 투어 웹사이트를 방문하면 내가 숙소를 예약하고 싶은지, 항공권이 필요한지 관계 없이 항상 같은 메뉴, 같은 버튼, 같은 레이아웃을 보게 됩니다.

하지만 이제는 AI를 사용하면 사용자가 원하는 것을 파악해서 필요한 UI 요소들을 골라 보여줄 수 있습니다. 내가 "여행 계획 세우는 중인데 숙소를 예약하고 싶어"라고 말하면, AI가 내 말의 의미를 이해하고 항공권, 투어 입장권 등은 제외하고 숙소 예약에 필요한 지도, 날짜 선택기 등을 골라서 나에게 맞는 화면을 구성하는 겁니다. 또한 이전에는 "숙소", "호텔", "예약" 같은 정해진 키워드가 있을 때만 관련 화면을 보여줄 수 있었지만, 이제는 AI가 "다음 주 제주도 여행 가는데 묵을 곳 찾아줘" 같은 자연스러운 표현도 이해해서 알맞은 UI를 조립해 보여줄 수 있게 된 거죠.

더 이상 디자이너와 개발자가 모든 가능한 상황을 미리 예상해서 화면을 만들어둘 필요가 없어집니다. 이런 방법론을 생성형 UI Generative UI, GenUI 라고 부른다. 다음은 기존의 UI와 생성형 UI에서의 차이를 보여주는 그림입니다.

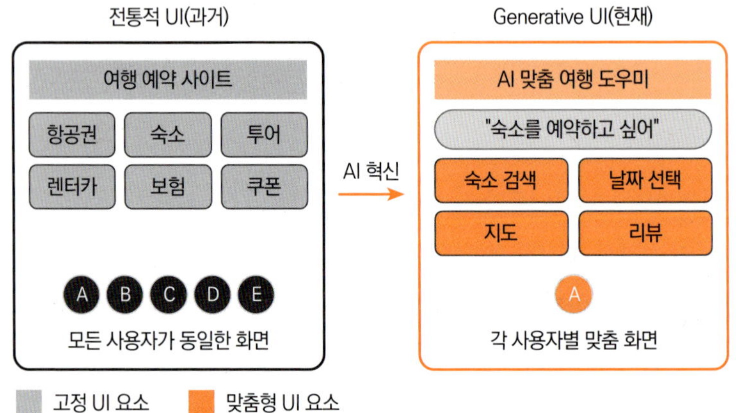

당근 AI 에이전트에서도 생성형 UI를 활용하는 것이 필요했습니다. '독립적이고 자율적으로 복잡한 작업을 처리하는 시스템'이라는 에이전트의 정의를 살리려면, 에이전트가 단순 답변만 제공하는 것이 아니라 사용자를 위해 액션까지 해야 한다고 생각했기 때문입니다. 각 사용자마다 원하는 액션이 다르기 때문에 사용자의 상황에 맞게, 예를 들어 사용자가 작성한 게시글을 수정하는 액션을 에이전트가 대신 해준다고 가정해보겠습니다. 사용자에게 보여줘야 하는 요소는 다음과 같습니다.

1 사용자가 최근에 작성한 게시글 목록

2 게시글 내에서 수정할 수 있는 요소의 목록

3 기존에 작성된 내용

사용자는 1번을 보고 수정하고 싶은 게시글을 선택하고, 2번을 봤을 때 수정하고 싶은 요소, 제목이나 가격을 선택하며, 3번을 참고로 해서 새로운 내용을 작성합니다. 기존에는 이미 개발된 '내 게시글' 페이지나 '게시글 수정' 페이지를 그대로 보여주거나, AI 에이전트용으로 별도의 복잡한 화면을 만들어야 했을 겁니다. 하지만 이제는 사용자가 대화하는 중에 "가격 좀 낮추고 싶어", "제목을 바꿔야겠어" 같은 다양한 표현을 써도, AI가 그 의도를 파악해서 미리 준비된 UI 컴포넌트 중에서 딱 필요한 것들만 골라서 조립해 보여줄 수 있습니다.

우리는 생성형 UI를 사용하기 위해 KAMP에서 'UI 도구'라는 개념을 만들었습니다. 에이전트는 사용자에게 어떤 화면을 보여주고 사용자의 응답을 받아야 하는 상황에 UI 도구를 호출합니다. 이때 사용자에게 어떤 데이터를 보여줘야 하는지 도구 호출의 파라미터로 담아서 요청을 보냅니다. 클라이언트에서는 이 이벤트를 받아서 파라미터에 담긴 내용을 화면으로 그립니다. 사용자가 화면을 보고 선택한 데이터는 도구 호출의 결과로서 에이전트에게 다시 제공됩니다. 에이전트는 이 도구 응답 데이터를 바탕으로 다음 단계를 진행합니다. 다음은 UI 도구를 사용한 생성형 UI를 시각화한 플로우 차트입니다.

• KAMP UI 도구 동작 원리 •

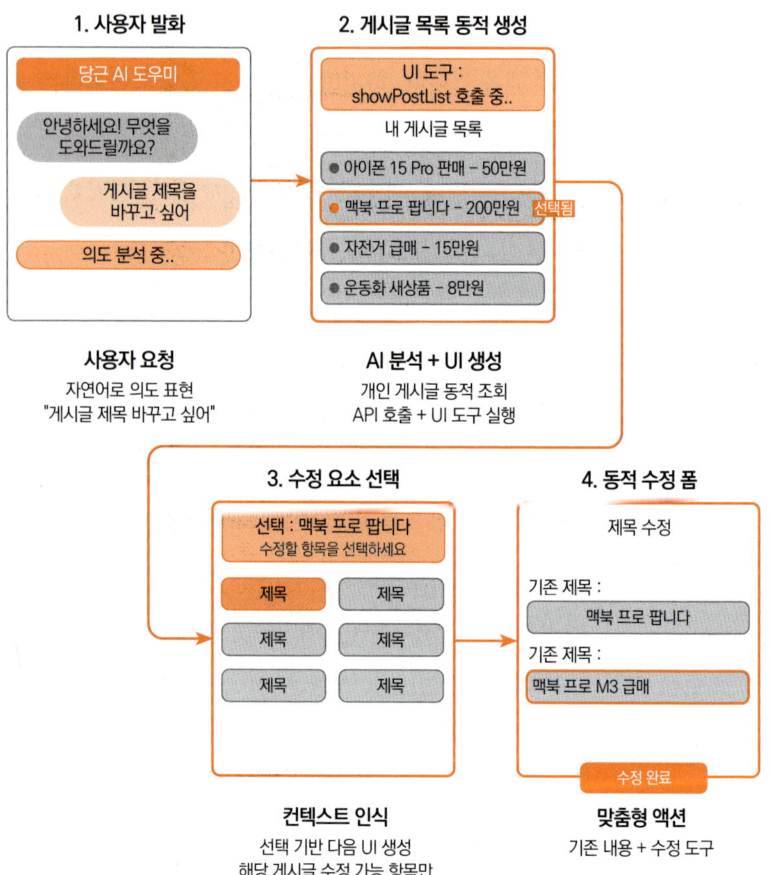

이처럼 UI 도구를 통해 우리는 사용자의 자연스러운 대화와 실제 액션 사이의 간격을 좁힐 수 있었습니다. "게시글 수정하고 싶어"라는 단순한 요청이 곧바로 필요한 UI로 연결되는 경험은, 당근 AI 에이전트가 진정한 '에이전트'로서 역할을 할 수 있게 만들어줍니다.

KAMP로 당근 AI 에이전트 만들기

앞서 AI 에이전트의 정의와 구성과 다수의 에이전트가 협업하는 멀티 AI 에이전트 시스템, 이를 쉽게 만들 수 있는 KAMP라는 사내 구현 플랫폼을 소개했습니다. 이 섹션에서는 소개한 모든 것을 잘 버무려서, 어떻게 당근 AI 에이전트를 만들었는지 이야기해보겠습니다.

저 왜 제재됐나요?

당근은 사용자들에게 안전하고 신뢰할 수 있는 서비스를 제공하기 위해 적극적인 운영을 시도하는 회사입니다. 운영정책을 매우 촘촘하게 만들어 나가며, 정책을 위반하는 경우 위반 사항에 따라 합리적인 강도의 이용 제한을 적용합니다. 그러나 운영정책이 점점 길어지고 운영 시스템이 복잡해짐에 따라, 우리의 의도와 다르게 사용자들이 이용 제한을 이해하지 못하고, 합리적이지 않다고 인지하는 경우가 증가합니다. 실제로 문의의 상당수가 이용 제한 관련된 사항이었습니다. 그래서 당근 AI 에이전트를 만들 때도 이용 제한에 대한 사려 깊은 설명을 제공할 수 있도록 매우 공을 들였습니다.

이용 제한을 설명하기 위해 크게 3가지 구성이 필요했습니다.

1 계정 기본 정보와 상태 확인

2 이용 제한 내역 확인 및 이해

3 어떤 운영정책에 의해 이용 제한이 적용되었으며, 왜 사용자의 행위가 운영정책 위반인지 설명

우리는 이를 3개의 에이전트와 다수의 도구를 추가한 멀티 AI 에이전트 시스템으로 구현했습니다. 먼저 계정 전문가 에이전트와 이용정책 전문가 에이전트로 역할을 나누고, 이 두 에이전트를 사용자의 질문 의도에 맞게 호출하고 정보를 종합하는 메인 에이전트를 만들었습니다. 다음은 에이전트의 연결을 보여주는 그림입니다.

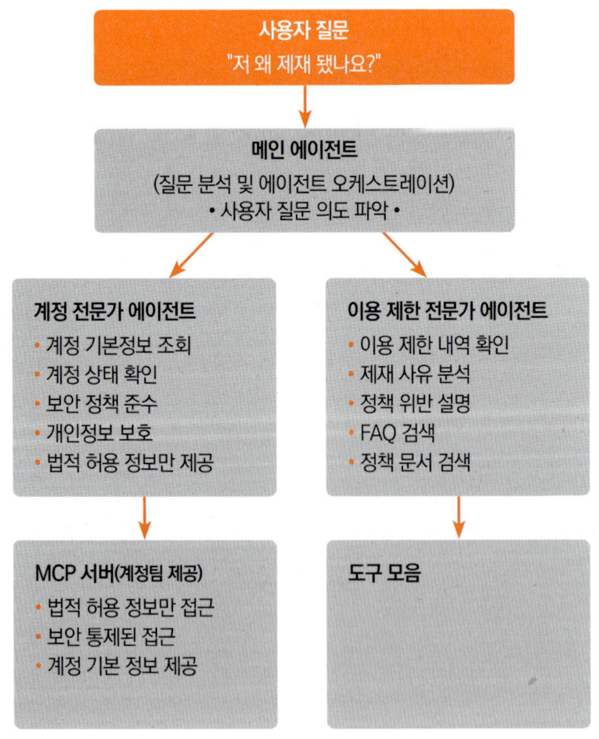

메인 에이전트가 두 전문가 에이전트를 발견할 수 있게 각 에이전트의 디스크립션을 자세히 제공했습니다. 그리고 사용자의 질문에서 각 에이전트에게 알아야 하는 정보를 구조화된 통신으로 전달했습니다.

<table>
<tr><th></th><th>계정 전문가 에이전트</th><th>이용 제한 전문가 에이전트</th></tr>
<tr><td>에이전트 디스크립션</td><td>당근 사용자의 계정 기본 정보를 안전하게 조회하는 전문가 에이전트입니다. 이 에이전트는 개인 정보 보호법과 보안 정책을 준수하여 법적으로 허용된 계정 정보만을 제공합니다. 사용자가 본인의 계정 상태, 가입 정보, 인증 수준에 대해 문의할 때 호출하십시오. 계정 관련 기술적 문제나 로그인 이슈가 있을 때도 이 에이전트를 사용할 수 있습니다. 단, 민감한 개인 정보는 기본적으로 제외되며, 필요 시에만 별도 권한 확인 후 제공됩니다.</td><td>당근 서비스의 이용 제한 및 제재 관련 전문가 에이전트입니다. 사용자가 '왜 제재되었나요?', '언제 해제되나요?', '어떤 정책을 위반했나요?' 등의 질문을 할 때 호출하십시오. 이 에이전트는 계정 정지, 콘텐츠 삭제, 기능 제한 등의 이용 제한 내역을 조회하고, 해당 제재의 구체적인 사유와 관련 정책을 설명합니다. FAQ 검색과 정책 문서 검색 기능을 통해 정확하고 최신의 정보를 기반으로 답변합니다.</td></tr>
<tr><td>입력 스키마</td><td>{
 "type": "object",
 "properties": {
  "user_id": {
   "type": "string",
    "description": "조회할 사용자 ID"
  },
  "query_type": {
   "type": "string",
   "description": "조회 유형",
    "enum": ["basic_info", "account_status", "verification_status"]
  }
 "required": ["user_id", "query_type"]
}</td><td>{
 "type": "object",
 "properties": {
  "user_id": {
   "type": "string",
    "description": "조회할 사용자 ID"
  }
  "suspension_type": {
   "type": "string",
   "description": "제재 유형",
    "enum": ["account", "content", "both"]
  }
 },
  "required": ["user_id", "suspension_type"]
}</td></tr>
</table>

출력 스키마	{
	"type": "object",
	"properties": {
	"account_summary": {
	"type": "object",
	"properties": {
	"user_id": {"type": "string"},
	"account_status": {"type": "string"},
	"registration_date": {"type": "string"},
	"verification_level": {"type": "string"}
	}
	}
	"data_source": {
	"type": "string",
	"description": "정보 출처"
	}
	},
	"required": ["account_summary", "data_source"]
	}
		{
		"type": "object",
		"properties": {
		"suspension_details": {
		"type": "object",
		"properties": {
		"is_suspended": {"type": "boolean"},
		"suspension_type": {"type": "string"},
		"start_date": {"type": "string"},
		"end_date": {"type": "string"},
		"reason": {"type": "string"},
		"policy_violated": {"type": "string"}
		}
		},
		"explanation": {
		"type": "string",
		"description": "사용자 친화적인 설명"
		}
		},
		"required": ["suspension_details", "explanation"]
		}

계정과 이용 제한을 두 개의 에이전트로 나눈 이유는, 이용 제한을 설명하는 데 계정 정보가 필수가 아니기 때문입니다. 이용 제한 설명에 계정 정보가 꼭 필요한 때만 해당 정보를 개인 정보 보호와 보안을 준수하여 들고 오기 위해 별도로 분리한 겁니다. 계정 전문가 에이전트는 당근의 계정 체계를 이해하고 어떤 계정의 정보를 수집할지 결정합니다. 다음은 계정 에이전트의 프롬프트의 일부분입니다.

✦ 프롬프트

```
You are an Account Specialist for Karrot(당근). Your role is to get
account default information. You should be careful of the security
of user information and handle this thoughtfully.

<workflow>
1. Call the information tool first to get default information.
2. Choose only specific information to answer the user's question.
3. Formulate the output based on the <output_format> guide.
</workflow>
```

이 프롬프트에 따라 도구를 호출하는데, 계정 전문가 에이전트의 핵심 도구는 계정팀에서 제공한 MCP 서버입니다. 계정팀이 법무, 보안팀과 논의를 통해 외부에 법적으로, 인지적으로 제공 가능한 계정 정보를 추렸고 MCP 서버에서 이 정보에 대해서만 접근 가능하도록 제어했습니다.

이용 제한 전문가 에이전트는 계정과 계정에서 생성된 콘텐츠의 이용 제한 내역을 조회한 후 자주 묻는 질문과 내부 정책 문서 검색을 통해 상세한 사유를 설명하도록 구성되어 있습니다. 다음은 에이전트에게 역할을 인지시키고 워크플로를 실행하도록 지시한 프롬프트입니다.

✦ 프롬프트

```
You are an Suspension Specialist for Karrot(당근). Provide clear
explanations about suspensions and policy violations following the
workflow below.
<workflow>
1. Simultaneously call all information tools
2. Check block status:
```

```
   - If blocked_until > current date AND no discarded_at → currently active
   - If blocked_until < current date AND no discarded_at → expired but was valid
4. Simultaneously call all policy related tools
5. Combine suspension data with retrieved information for structured response
</workflow>
```

프롬프트를 자세히 살펴보면 simultaneously, 즉 동시에 도구를 호출하라는 지시사항이 있습니다. 이는 다수의 도구를 사용하는 상황에서 레이턴시를 줄일 수 있게 도와줍니다. 병렬로 도구를 호출하는 상황과 1개씩 호출하는 상황을 비교한 그림을 보면 더 이해가 쉬운 겁니다.

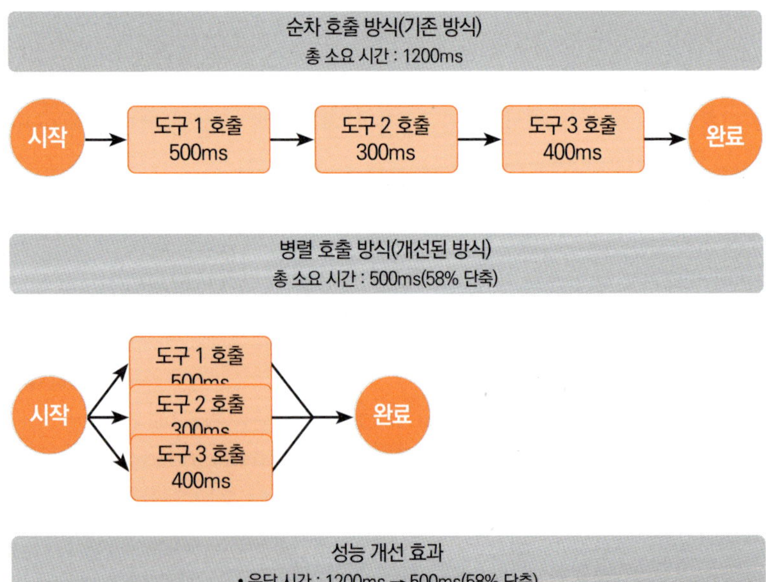

이용 제한 내역이 있다면 제한 사유를 설명하기 위해 RAG 도구를 호출하여 검색합니다. 검색된 내용을 활용하여 이용 제한 종류와 현재 상태를 설명합니다. 답변은 사용자가 읽고 납득이 되게 항상 논리적인 구조로 답변하도록 지시했습니다. 또한 각 상황마다 설명에 포함되어야 하는 요소와 문구가 달라져야 하는 것도 고려했습니다.

계정이 제한되었으면 어떤 서비스에서, 어떤 기능을 사용할 수 없는지 안내해야 합니다. 그리고 제한이 언제 해제되는지 안내하는 것도 필수입니다. 콘텐츠가 제한되었으면 어떤 콘텐츠였는지 제목이나 내용을 명시해야 합니다. 이용 제한이 되었으나 제한 기간이 지나 해제된 상태라면 현재는 정상적으로 서비스를 이용할 수 있다는 걸 설명해야 합니다. 다음과 같이 프롬프트에 템플릿을 추가하여 에이전트가 상황에 맞는 템플릿을 선택하고 이를 바탕으로 답변을 풍성하게 작성하도록 지시했습니다.

```
<templates>
Active suspension: "**[제재 종류]**로 인해 계정 이용이 제한되었습니다"
Expired suspension: "이전에 **[제재 종류]** 사유로 제재를 받으셨지만,
현재는 **제재가 해제되어 정상 이용이 가능**합니다"

Structure: 1) Current status 2) What happened 3) Why it happened 4)
What's affected (if active)
</templates>
```

이렇게 구성된 멀티 AI 에이전트 시스템을 통해 "왜 제재됐나요?"라는 질문에 대해 사용자가 이해하기 쉬운 체계적인 설명을 제공할 수 있게 되었습니다. 실제로 AI 에이전트 배포 후, 고객센터까지 연결되는 이용 제

한 관련 문의가 최대 50%까지 감소했습니다. 문의 답변을 받는 데 길게는 수일이 걸릴 수 있다는 점을 감안하면, 질문 후 즉시 이용 제한 사유를 알 수 있게 됨으로써 사용자 경험을 크게 개선했다고 판단하고 있습니다.

채팅 메시지 삭제해주세요

2025년 5월 기준 채팅 메시지 삭제 요청이 월 1,000건 이상 들어왔습니다. 거래 과정에서 상대방에게 개인 정보를 채팅으로 보낸 경우 거래가 완료된 후 채팅 메시지를 삭제하기를 원하는 사용자들이 많기 때문입니다. 현재 정책상 사용자가 직접 삭제할 수 있는 메시지는 5분 이내 발송한 것에 한정되어 있습니다. 이는 거래 목적 대화에서 시간 제약 없이 모든 메시지를 자유롭게 삭제할 수 있다면 거래의 투명성과 신뢰성에 문제가 생길 수 있기 때문입니다. 그래서 5분이 지난 메시지의 경우 개인정보가 포함된 메시지에 대해서만 고객센터를 통해 삭제할 수 있습니다.

채팅 메시지 삭제 문의는 비율로 따지면 전체 문의의 약 0.1% 정도만 차지하지만, 삭제를 요청하는 과정에서 사용자는 상대방 닉네임, 채팅방 제목, 삭제하고 싶은 채팅 메시지 등의 정보를 정확히 기재해야 하는 번거로움이 있고, 고객센터 근무자는 매번 사용자가 기재한 정보를 바탕으로 채팅방과 메시지를 정확하게 찾아야 한다는 부담이 있었습니다. 즉 쉽고 빠르게 처리할 수 있는 문의가 아니었습니다.

AI 에이전트를 처음 배포했을 때는 채팅 메시지를 삭제해달라는 질문이 들어오면 삭제 방법과 정책만 답변했습니다. “채팅 메시지를 꾹 눌러… 5분이 지난 메시지는…" 당연하게도 사용자의 문제는 해결되지 않았고 고객센터 문의로 다시 이어졌습니다. 액션을 직접 해주지 않는 에이전트는 반쪽짜리 에이전트이고 진정한 에이전트라면 사용자가 원하는 행동을 직접 해줘야 한다고 생각했습니다.

채팅 메시지 삭제는 에이전트와 사용자가 여러 차례 상호작용을 해야 완성됩니다. 사용자가 어떤 채팅방의 메시지를 삭제하기를 원하는지 선택하는 부분을 먼저 설명해보겠습니다.

1 사용자가 '채팅 메시지 삭제' 맥락에서 질문을 합니다.

2 메인 에이전트는 질문의 의도를 파악한 후, 이 액션을 실제로 할 수 있는 전문가 에이전트로 라우팅합니다.

3 전문가 에이전트는 채팅방 조회 API를 도구로 사용하여 사용자의 최근 채팅방을 조회합니다. 이때, 보안사항을 준수하여 에이전트에게 넘어가도 되는 데이터만 받을 수 있도록 MCP 서버를 이용합니다.

4 사용자에게 어떤 채팅방인지 확인을 받기 위해 UI 도구를 호출합니다.

다음은 전문가 에이전트가 UI 도구를 호출할 때의 파라미터 예시입니다.

```
{
   "type": "list",
   "data": [
{"last_messaged_created_at: "2025-08-23 12:55:00", "article_title":
"당근 인형 팔아요", "opponent_nickname": "당근좋아요"},
{"last_messaged_created_at: "2025-08-25 18:03:00", "article_title":
```

```
"당근 스티커 팔아요", "opponent_nickname": "당근최고"}, ...
],
    "message": "최근 채팅방 목록을 보여드릴게요. 삭제하고 싶은 메시지를
보낸 채팅방을 선택해 주세요."
}
```

프론트에서는 UI 도구가 호출될 때 이를 감지하고, 호출 파라미터로 넘어온 데이터를 화면에 그립니다. 예시의 파라미터를 받는다면 리스트 타입의 컴포넌트와 메시지, 데이터를 조립하여 사용자에게 채팅방 선택 UI를 바로 보여주게 되는 것입니다. UI 도구를 통해 에이전트가 도구를 호출하면 사용자가 UI를 통해 개입하고, 그 선택이 다시 에이전트에게 전달되는 흐름이 만들어집니다.

사용자가 선택한 채팅방을 전달받은 다음 절차는 어떤 메시지를 삭제할지 결정하는 것입니다.

1 사용자가 선택한 채팅방 ID로 개인정보 메시지 조회 API를 호출합니다.
2 채팅 데이터를 다루는 별도의 운영 서버에서 채팅방 내 개인정보가 포함된 메시지를 마스킹하여 응답값으로 전달합니다.
3 에이전트는 마스킹된 정보만 받아 앞선 절차와 같이 UI 도구를 호출하여 사용자에게 메시지 리스트를 보여주도록 합니다.
4 사용자가 삭제해도 된다는 동의를 하면 이 데이터를 에이전트가 받습니다.
5 에이전트가 메시지 삭제 액션을 제어하는 MCP 서버를 호출하여 메시지를 삭제합니다.

AI 에이전트를 개발하면서 반드시 준수해야 하는 보안 원칙 중 하나는,

사용자의 개인정보가 에이전트에게 전달되어서는 안 된다는 것이었습니다. 그래서 에이전트에게 직접 메시지를 제공하고 개인정보가 있는 메시지를 판별하는 방식을 선택하지 않았고, 오직 마스킹된 정보만 에이전트가 핸들링하도록 설계했습니다. 다음은 메시지를 보여주기 위한 UI 도구 호출의 예시입니다.

```
{
   "type": "list",
   "data": [
{"masked_content": "도착하시면 010-****-**** 여기로 전화 주세요",
"message_created_at": "2025-08-25 17:25:00"}
{"masked_content": "123****890", "message_created_at": "2025-08-25
17:53:00"} ...
],
   "message": "삭제할 메시지 목록이에요. 정말 삭제할까요?
}
```

사실 액션까지 직접 하는 에이전트를 만든다는 두려움도 컸습니다. AI 모델이라는 것은 결정론적deterministic이지 않아서 반드시 정해진 대로만 동작한다는 보장이 없기 때문입니다. 하지만 AI 에이전트가 단순한 챗봇을 넘어 진정한 에이전트가 되려면 반드시 넘어야 하는 장벽이라고 생각했습니다. 사용자가 찾아왔을 때 바로 문제를 해결해줄 것, 문제를 해결하는 과정은 멀티 AI 에이전트 시스템과 UI 도구 개념을 통해 자연스러운 대화로 풀어낼 것. 이것이 우리가 생각하는 AI 에이전트의 방향성이었고, 첫 시작이 채팅 메시지 삭제였습니다.

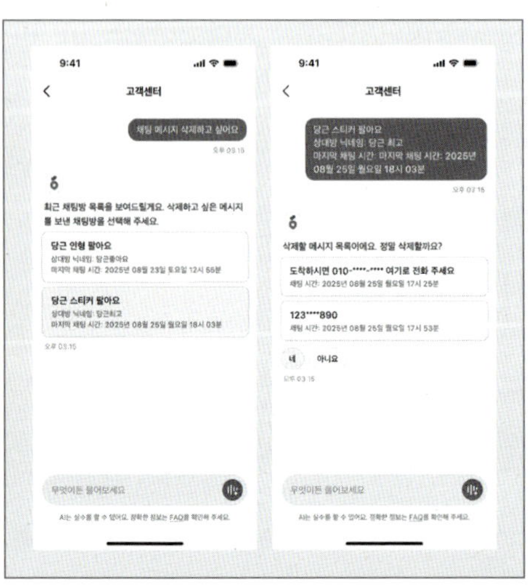

마치며 : 성공적인 에이전트, 팁 6가지

지금까지 당근의 고객 문의를 효율적으로 해결하기 위해 AI 에이전트를 도입한 여정을 살펴보았습니다. 단순 반복적인 문의를 자동화하는 것을 넘어, 사용자 개개인에게 맞춤화된 경험을 제공하고자 멀티 AI 에이전트 시스템이라는 개념을 도입했고, 이를 실현하기 위해 KAMP라는 자체 플랫폼까지 구축했습니다. 이 과정에서 수많은 기술적, 정책적, 경험적 도전을 마주하며 얻은 교훈은 성공적인 AI 에이전트 시스템을 만드는 데 무엇이 중요한지 명확하게 알려주었습니다. 이책의 부록 B에 복잡하고 자율적인 AI 에이전트를 성공적으로 구축하고 운영하기 위해 반드시 고려해야 할 6가지 핵심 팁을 공유합니다. 이상으로 모든 활용 사례를 공유해드렸습니다. 즐거운 AI 여정이 되었길 기원합니다.

부록 A

바이브 코딩 프롬프트 팁

바이브 코딩에서 **프롬프트**prompt는 매우 중요합니다. 프롬프트는 영어로 '어떤 행동을 유도하다, 촉발하다'라는 뜻을 가진 단어입니다. 연극 무대에서 배우가 대사를 잊었을 때 작은 목소리로 알려주는 사람을 프롬프터prompter라고 부르는데, 여기서도 알 수 있듯이 프롬프트는 원하는 행동을 정확히 하도록 돕는 짧은 지시나 안내를 뜻합니다.

다시 말해 바이브 코딩에서 프롬프트는 내가 가진 아이디어를 AI에게 전달하는 요청 또는 지시입니다. 간단히 이해하면 AI와 나누는 대화인 셈입니다. 프롬프트가 정확하면 원하는 결과를 빠르고 효율적으로 얻을 수 있습니다. 그러나 프롬프트가 모호하거나 부정확하면 AI가 기대와 다른 결과를 내놓아 가슴이 답답해질 수 있습니다. 그렇다면 좋은 프롬프트란 무엇일까요? 예를 들어 '회원 가입 기능 추가해줘'라고만 하는 것보다 '회원 가입 기능을 만들건데 이메일과 비밀번호를 입력받은 후 가입완료 시 환영 문구를 띄워줘'처럼 요구사항을 구체적으로 말해야 합니다. 그래야 내가 머릿속에 그리는 그림을 빠르게 얻을 수 있습니다.

프롬프트만 잘 써도 바이브 코딩이 훨씬 빠르고 수월해질 수 있습니다. 프롬프트를 잘 쓴다는 건 어려운 기술 용어를 나열하는 게 아니라 무엇을, 왜, 어떻게 보여줘야 하는지 명확히 말하는 것에 가깝습니다. 앞서 소개한 사례들을 구현하기 위해 바이브 코딩을 하며 체득한 프롬프트 작성 팁을 소개하겠습니다. 그대로 따라 쓰셔도 되고, 상황에 맞게 바꿔 쓰셔도 좋습니다. 소개할 팁들을 활용하면 AI가 제공하는 편리한 개발 경험을 더 수월하게 누리는 데 도움이 될 것입니다.

[TIP 1] 개발 용어를 알고 싶다면

바이브 코딩을 하다 보면 '라우터 핸들러', '포트가 잠겨있다', '세션이 만료됐다' 등의 개발 용어를 듣게 됩니다. 이해하지 못하더라도 'Accept' 버튼을 누르면 요구사항이 반영되지만, 여기서 멈추지 말고 바로 '비개발자 대상으로 설명해줘'라고 요청해보세요. 일상 비유를 섞어 달라고 하면 이해가 훨씬 빨라질 수 있습니다.

✦ 프롬프트

비개발자 대상으로 라우터 핸들러에 대해 설명해줘.

✦ 출력

라우터 핸들러란? (비개발자를 위한 설명)

라우터 핸들러는 웹사이트에서 특정 주소(URL)에 접속했을 때 무슨 일이 일어날지 결정하는 규칙이라고 생각하면 됩니다. 일상생활의 예시로 설명해드리겠습니다:

집의 방들과 비교하기

여러분의 집을 상상해보세요:

- 현관문을 통해 들어오면 거실이 있습니다(홈페이지, /)
- 왼쪽 문을 통해 주방으로 갑니다(분석 페이지, /analyze)
- 오른쪽 문을 통해 침실로 갑니다(결과 페이지, /results)

라우터 핸들러는 마치 "이 문을 열면 어떤 방으로 안내해 드리겠습니다"라고 알려주는 안내원과 같습니다(이하 생략).

설명을 들은 직후 '이 개념이 코드 중 어느 부분에 해당 돼?'라고 이어 묻기만 하면 곧바로 해당 코드에 표시를 해줍니다. 개념이 이해되면 배운 용어를 다음 프롬프트에 활용해 더욱 정확하고 간결하게 요구사항을 전달할 수 있습니다.

[TIP 2] 코드에 대한 설명이 필요하다면

어떤 요청에 대해 AI가 코딩을 했을 때, 무엇을 왜 한 건지 알고 싶다면 '방금 뭐 한 건지 알려줘'라고 친구에게 묻듯이 물어보면 됩니다. 개인과외처럼 자신의 배경지식에 맞는 맞춤 설명이 가능하다는 것이 큰 장점입니다. '너무 어려워. 비개발자 대상으로 설명해줘', '한 단계 더 쉽게 설명해줘'라고 요청할 수도 있고, '이해했으니 조금 더 심화된 내용으로 알려줘', '관련 개념을 좀 더 알고 싶어'라고 요청할 수도 있습니다. 이해가 될 때까지 언제든지 몇 번이고 편하게 물어볼 수 있어 학습의 장벽을 낮춰줍니다.

✦ 프롬프트

포트 사용 끝나면 제때 제때 종료시켜서 재시작에 착오가 없도록 해.

✦ 출력

포트를 사용 후 제때 종료시키도록 개선하겠습니다. 서버 종료와 재시작을 더 안정적으로 관리하는 코드를 추가하겠습니다(...코드 작업...).

✦ 프롬프트

방금 너가 수행한 작업을 비개발자 대상으로 설명해줘.

✦ 출력

서버 관리 개선: 쉽게 설명해드립니다.

제가 방금 수행한 작업은 웹 서버가 더 안정적으로 작동하도록 개선하는 것이었습니다. 비개발자 분들도 이해하기 쉽게 설명해드리겠습니다:

일상 생활의 예시로 설명하자면

이 작업은 마치 스마트폰에서 다음 기능을 추가한 것과 비슷합니다. 사용자 경험은 훨씬 부드러워지고, 문제가 발생해도 쉽게 해결할 수 있게 됩니다.

- 앱이 충돌해도 자동으로 데이터를 저장하는 기능
- 앱을 다시 시작할 때 이전 상태를 복구하는 기능
- 배터리가 부족할 때 사용자에게 알림을 주는 기능

1. 포트 자동 정리 기능 추가

우리가 웹사이트를 열 때 사용하는 "포트"(예 : localhost:3000)가 종종 문제를 일으켰어요. 서버가 갑자기 종료되면 포트가 계속 사용 중인 상태로 남아, 다시 시작하려고 할 때 "이미 사용 중"이라는 오류가 발생했습니다.

이제는:

- 서버가 정상적으로 종료될 때 자동으로 포트를 정리합니다(문을 나갈 때 불도 끄고 나가는 것처럼).
- 서버가 비정상적으로 종료되어도 다음에 시작할 때 이전 상태를 정리합니다.
- 이미 사용 중인 포트를 확인하고 알려줍니다.

2. 강제 종료 옵션 추가

이전에는 포트가 이미 사용 중이면 수동으로 프로세스를 찾아 종료해야 했습니다. 이제는 --force 옵션을 추가해서 명령어 한 번으로 해결할 수 있습니다(이하 생략).

[TIP 3] 동일한 에러가 반복된다면

동일한 에러가 반복될 때는 '또 같은 오류가 났어'라고 반복해서 다그치는 것보다, 에러 메시지와 관련 정보를 프롬프트에 입력하면 더 빠른 해결이 가능합니다. 실제 에러 메시지는 필수로 포함하고, 최근 수정 내역이나 재현 조건 등도 포함해서 입력하는 것을 추천합니다.

✦ 프롬프트

에러(Internal Server Error)가 계속 발생하는 원인을 코드 전체를 점검해서 파악해줘.

이렇게 했는데도 에러가 계속 발생해 다른 곳에서 알아보거나 해결하고 싶다면 다음과 같이 프롬프트를 입력해 템플릿에 에러 정보를 받을 수 있습니다.

✦ 프롬프트

에러 파일(templates/error.html)을 만들어서 다음 정보를 포함해 에러 정보를 자세히 보여줘

- 오류 발생 알림 메시지
- 구체적인 오류 내용 표시(어떤 문제가 발생했는지)
- 문제 해결을 위한 제안사항

[TIP 4] UI 디자인 변경시 정확한 요소를 지시하고 싶다면

바이브 코딩에서는 내가 만족할 때까지 몇 번이고 레이아웃, 색상 등

의 UI 디자인을 변경할 수 있다는 것이 장점입니다. 그런데 여러 아이콘이 비슷한 위치에 있을 시 '맨 오른쪽 상단에 있는 아이콘'이라고 지시하면 AI가 정확한 요소를 인지하지 못할 가능성이 있습니다. '이번엔 제대로 알아들었겠지?'라는 기도 메타를 돌리는 것보다 다음과 같은 방법으로 정확한 요소를 언급해 요청한다면 여러분의 소중한 시간을 아낄 수 있습니다.

1 화면에서 수정하려는 UI 드래그

2 마우스 오른쪽 버튼 클릭

3 검사(Inspect) 클릭

4 Elements 패널에서 하이라이트 강조된 부분 오른쪽 버튼 클릭

5 copy → copy element 클릭

6 프롬프트에 붙여넣고 요구사항 지시

예 "config-item-label 텍스트가 config-item-icon 오른쪽에 위치하도록 조정해줘"

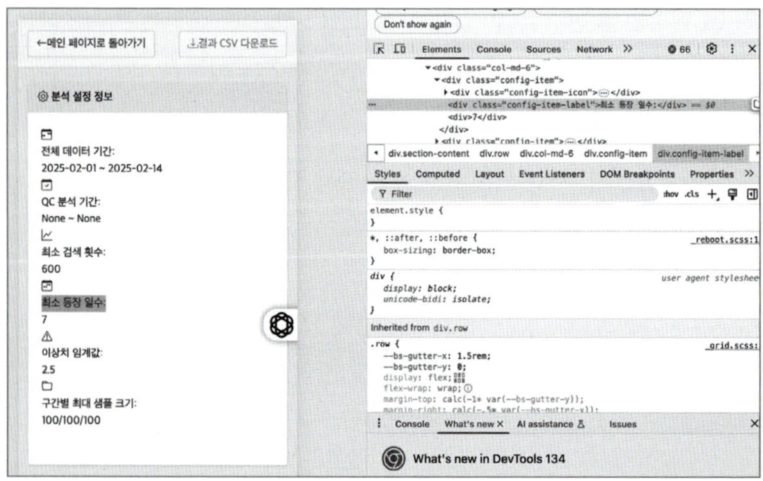

[TIP 5] UI 디자인 수정 미반영이 반복된다면

AI가 반영을 완료했다고 하는데 화면은 그대로인 경우도 있습니다. 이때는 비슷한 지시를 반복하다가 지치지 말고 근본 원인을 추적하는 프롬프트로 전환하세요.

> ✦ **프롬프트**
>
> 아직 텍스트가 오른쪽으로 이동하지 않았어. 원인을 단계별로 확인해줘.

다음과 같이 가능한 원인 여부를 체크리스트로 줄 수도 있습니다.

> ✦ **프롬프트**
>
> 다음 항목을 포함해 원인을 점검하고, 각 항목별 진단 결과와 수정 방법을 이해하기 쉽

게 정리해서 알려줘.

1 CSS 로드

2 CSS Specificity 및 충돌 분석

3 부모 요소 스타일이나 레이아웃 영향 점검

4 인라인 스타일 강제 적용 여부

5 브라우저나 서버 캐시 영향

[TIP 6] 코드 의심하기

바이브 코딩의 장점은 빠른 구현이지만, 그만큼 불필요하거나 비효율적인 코드가 섞여 들어갈 수 있습니다. 그래서 비개발자의 바이브 코딩에서 코드를 의심하고 검토하는 단계는 필수입니다. '일단 작동하니까 넘어가도 되지 않을까?'라는 유혹을 물리치고, 작동하는 코드와 좋은 코드는 다르다는 걸 기억해야 합니다. 결과만 보면 제대로 작동하는 것처럼 보여도, 코드 내부에는 반복 계산이나 오류 유발 가능성이 높은 구문이 포함되어 있을 수 있습니다. 다음과 같은 프롬프트를 활용하면 코드에 숨어 있는 비효율이나 문제 요소를 미리 점검할 수 있습니다.

✦ 프롬프트

지금까지 생성한 코드 전체를 검토해줘

- 비효율적인 쿼리나 반복 계산이 있는지
- 중복되는 함수나 변수가 있는지
- 사용하지 않는 라이브러리가 import되어 있는지

- 내가 의도한 흐름과 코드 실행 흐름이 일치하는지
- 내 의도: (의도한 흐름 서술)

추가로 다음과 같은 검토 요청도 가능합니다.

✦ **프롬프트**

- 현재 코드보다 더 효율적으로 처리할 수 있는 방법이 있다면 알려줘. 성능, 가독성, 유지보수 측면에서 개선 가능성이 있는 부분이 있는지도 함께 설명해줘.
- 보안적으로 문제가 될 수 있는 코드가 포함되어 있는지 확인해줘. 입력 검증 부족, 하드코딩된 비밀번호, 외부 요청 처리 등 기본적인 취약점이 있는지도 점검해줘.

부록 B

AI 에이전트를 성공적으로 구축하고 운영하기 위해 반드시 고려해야 할 6가지 핵심 팁

[TIP 1] 사용자 경험을 챙겨라

멀티 에이전트 시스템에서 가장 중요한 것은 복잡한 내부 구조가 사용자에게 드러나지 않도록 하는 겁니다. 여러 에이전트가 협업하더라도 사용자는 하나의 일관된 대화 상대와 소통한다고 느껴야 합니다. 때문에 응답을 내는 에이전트가 여러 개라면 각 에이전트의 말투와 응답 스타일을 통일해야 합니다. '당근체'는 당근의 아이덴티티를 직관적으로 드러내는 요소입니다. 당근 앱 내에서 사용자가 이질감을 느끼지 않으려면 반드시 당근체를 사용하도록 만들어야 했습니다. 하지만 LLM 모델에게 단순히 '~해요' 체를 사용하여 답변을 작성하는 가이드를 주면 '~합니다요'와 같은 웃지 못할 응답을 내놓기 일쑤였습니다. 당근 구성원을 위해 작성되어 있는 '당근체' 가이드 문서를 LLM이 이해할 수 있는 형태로 가공하고 프롬프트에 녹여내는 데 상당한 시간과 노력을 들였습니다.

사용자 경험 측면에서 반드시 스트리밍 응답을 사용해야 합니다. 여러 에이전트로 구성된 시스템에서는 답변이 생성되는 데 시간이 소요될 수밖에 없습니다. 객관적으로는 답변받는 데 몇 시간이 걸릴 수도 있는 문의보다는 훨씬 짧은 시간 안에 답변을 받게 되지만, 사용자 입장에서는 답답함을 느낄 수 있습니다. 스트리밍 방식을 적용하면 에이전트가 사고하는 과정을 실시간으로 보여줄 수 있어 대기 시간에 대한 사용자의 답답함을 크게 줄일 수 있습니다. 또한 에이전트 실행 중 CoT를 제공할 방법을 고민해야 합니다. 복잡한 문제 해결 과정에서 에이전트가 어떤 단계를 거쳐 추론하는지 사용자에게 보여주면 신뢰도를 높일 수 있습니다. 무엇보다 사용자가 레이턴시를 견딜 수 있는 UI를 고려해야 합니다. 진행 표시줄, 단계별 상태 업데이트, 중간 결과 미리보기 등을 통해 사용자가 기다리는 동안에도 시스템이 작동하고 있음을 명확히 인지할 수 있도록 해야 합니다.

[TIP 2] 할루시네이션을 해결하라

멀티 AI 에이전트 환경에서는 하나의 에이전트가 생성한 잘못된 정보가 다른 에이전트로 전파되어 연쇄적 오류를 일으킬 위험이 큽니다. 이를 방지하기 위해 반드시 RAG 기법을 사용해야 합니다. RAG 시스템을 구축하여 에이전트가 답변을 생성하기 전에 신뢰할 수 있는 내부 지식 베이스에서 관련 정보를 검색하도록 해야 합니다. 벡터 데이터베이스에 공식 문서, 운영 가이드라인, 최신 정책 자료를 임베딩하여 저장하고, 실시간으로 가장 관련성 높은 정보를 추출해 답변 생성에 활용합니다. 지식베이스에서 관련 정보를 찾을 수 없는 상황에서 LLM이 학습한 일반적인 지식으로 말을 지어내지 않도록 정교한 프롬프트 엔지니어링을 통해 강제해야 합니다.

구조화된 에이전트 통신을 구현하는 것도 핵심입니다. 에이전트 간 정보 교환에서는 정해진 입력 스키마와 출력 스키마를 강제하여 구조화된 데이터만 주고받는 게 안전합니다. 경험상 자유 형식 텍스트를 에이전트 사이에 주고받게 하면 통제할 수 없는 할루시네이션이 발생했습니다. 각 에이전트는 JSON 형식의 정형화된 응답 포맷을 준수해야 하며, 스키마

검증을 통과하지 못한 데이터는 전달되지 않도록 제어해야 합니다. 다만 구조화된 출력을 사용하면 창의적인 응답 생성에서 성능이 낮아진다는 결과가 있으므로 용도에 맞게 선택하기 바랍니다.

프롬프트에 에이전트가 지켜야 하는 필수 규칙을 명확히 정의해야 합니다. 특히 URL 할루시네이션이 심한 편이므로, 존재하지 않는 링크를 생성하지 않도록 하는 규칙을 강하게 적용해야 합니다. 온도 파라미터 Temperature*를 가급적 낮춰서 사용하는 것이 할루시네이션 방지에 효과적입니다. 창의성보다는 정확성이 우선되는 고객 지원 환경에서는 더욱 중요한 설정입니다.

[TIP 3] AI 에이전트와 다른 시스템의 협업

AI 에이전트의 목표는 인간을 대체하는 것이 아니라 각자의 강점을 살려 시너지를 내는 겁니다. 에이전트가 할 수 있는 것과 할 수 없는 것을 명확히 정의하고 피드백 플랜을 설계하는 것이 중요합니다. AI 에이전트와 사람 에이전트, AI 에이전트와 룰베이스 시스템, AI 에이전트와 기존 ML 모델 등 다양한 협업 시나리오를 고려해야 합니다.

* Temperature : 생성 AI의 출력 확률 분포에서 무작위성을 조절하는 값으로, 낮을수록 더 일관되고 덜 창의적인 응답을 생성합니다.

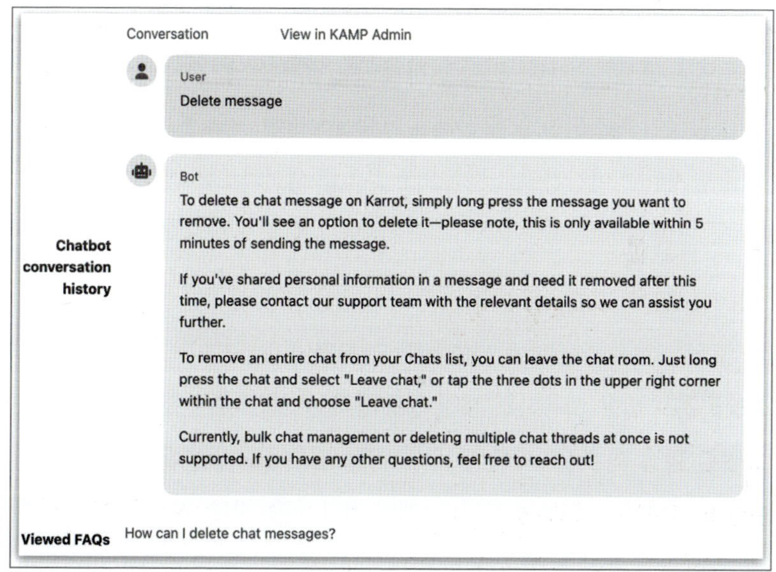

AI 에이전트가 스스로 해결할 수 있는 범위와 인간 상담원의 개입이 필요한 지점을 명확히 구분하고, 필요 시 자연스럽게 상담원에게 연결되는 워크플로를 염두에 두었습니다. AI 에이전트가 사용자의 문의 의도를 파악하고 관련된 정보를 1차적으로 제공한 뒤, 사용자가 추가적인 도움이 필요하다고 표현하면 고객센터로 이관합니다. 또한 AI 에이전트가 자신의 한계를 인식하고 언제 인간의 개입이 필요한지 판단할 수 있는 에스컬레이션 룰을 설정하여 상담원에게 돌릴 수 있도록 했습니다. 이때 대화 기록과 고객 정보를 완전히 전달하여 사용자가 같은 설명을 반복하지 않도록 했습니다.

또한 사용자가 에이전트와 대화 후 조용히 이탈하는 경우를 방지할 수 있게 설계했습니다. 채팅 내에서 에이전트의 응답에 명시적으로 불만족 평가를 남겼지만 일정 시간이 지난 후에도 직접 문의를 넣지 않는 경우 해당 사용자의 채팅을 종합 분석하여 상담원이 처리할 수 있도록 문의를 자동으로 생성했습니다. 또한 명시적으로 평가를 남기진 않았지만, 부정적인 감정이 해소되지 않은 상태로 채팅을 이탈한 경우를 별도 AI 에이전트로 탐지하여 마찬가지로 자동으로 문의를 생성하도록 했습니다.

[TIP 4] 보안과 프롬프트 방어 설계

당근은 수많은 사용자의 개인 정보와 데이터를 다루는 서비스인 만큼, 보안은 항상 최우선이어야 합니다. 어떤 경우에도 답변할 수 없는 질문 유형을 사전에 정의해야 합니다. 개인 정보 유출 시도, 시스템 명령어 주입, 부적절한 콘텐츠 생성 요청 등에 대한 명확한 거부 기준을 마련하고 이를 프롬프트에 반영해야 합니다. 가능하다면 내부 PR, GR팀에게 답변 가이드를 전달받아 일관된 대응이 가능하도록 해야 합니다. 또한 이미 알려진 프롬프트 공격 기법들에 대비한 방어 로직을 구현해야 합니다.

또한 보안 관련해서 세 가지 원칙을 가지고 개발했습니다. 첫째, 외부 LLM 모델에게 사용자의 민감한 데이터가 넘어가서는 안 됩니다. 이 원칙을 지키기 위해 어떤 소스에서든 개인 정보로 판단되는 데이터가 들어오면 모두 마스킹 처리하는 로직을 KAMP 개발 시작 단계에서 적용했습니다. 그리고 개인 정보를 포함한 데이터가 내부 API에서 흐르지 않도록 MCP 서버를 통해 데이터를 받았습니다. 두 번째, KAMP 데이터를 보관하는 DB는 개인 정보 DB로 분류하고, 권한 없이 데이터를 변경하거나 추출할 수 없도록 강제했습니다. 세 번째, KAMP 어드민의 접근 권한을 제어하고, 신청 후

보안팀의 승인절차를 거친 구성원만 접근할 수 있도록 했습니다.

[TIP 5] 레이턴시를 해결하라

멀티 에이전트 시스템은 여러 에이전트 간의 순차적, 병렬적 작업 처리와 통신 과정에서 응답 지연이 누적되기 쉽습니다. 각 에이전트의 자율성이 높아질수록 조정과 의견 충돌 해결 과정이 복잡해져 더욱 심각한 지연을 초래할 수 있습니다. 프로덕션에 멀티 AI 에이전트를 적용하고 나서 가장 먼저 받은 내부 구성원 피드백은 "느리다"였습니다.

이를 해결하기 위한 가장 단순하지만 확실한 해결책은, 자주 묻는 질문과 답변이나 정책과 같이 변동성이 적은 내부 지식은 빠르게 꺼내 쓸 수 있도록 캐싱 전략을 사용하는 겁니다. 그리고 도구를 가진 에이전트가 도구 호출 여부를 판단할 때 한 번에 여러 도구를 응답으로 내리도록 프롬프트 엔지니어링을 했습니다. 동시에 여러 개의 도구가 응답에 포함된 경우 내부 작업을 비동기 처리하여 레이턴시를 최대한 줄이고자 했습니다.

에이전트를 구성하는 LLM 모델 자체도 응답 속도와 정확도의 균형을 맞출 수 있도록 다양한 모델을 테스트하고 적용하는 전략이 필요합니다. 아키텍처에 따라 다르지만, 당근에서 현재 메인으로 채택한 라우팅 구조에서는 라우터를 하는 리더 에이전트는 많은 컨텍스트를 들고 똑똑하게 동작해야 하므로 크고 성능이 좋은 무거운 모델을 사용합니다. 하지만 리더 에이전트가 호출하는 각 전문가 에이전트는 전문 분야에만 잘 동작하면 되기 때문에 최대한 빠르고 가벼운 모델을 사용하는 전략을 사용했습니다.

저자의 한마디

Miller(구경희)

개발을 처음 배울 때처럼 신기하고 재미있는 감정을 AI와 함께하며 느끼고 있습니다. 여러분들도 무언가를 처음 배울 때처럼 설레고 즐거운 감각을 이 책이 조금이나마 들게 한다면 좋을 것 같습니다.

Key(김기혁)

이 책이 여러분이 업무에서 AI를 잘 활용하는 데 조금이라도 도움이 되었으면 합니다. 책에서 얻은 아이디어와 팁들이 여러분의 일과 삶을 더욱 편하고 효율적으로 만들어주길 바랍니다.

Demi(김단)

꼭 풀고 싶었지만 해결할 방법을 찾지 못해 '언젠가'라는 이름의 서랍에 보관해둔 문제들을 다시 꺼내어보세요. 그 중 몇 개는 지금은 풀 수 있는 문제가 되었을지도 몰라요.

Suzy(김수지)

큰 변화를 앞둔, 혹은 이미 변화 중인 시기에 동료들과 함께한 시행착오와 작은 성공들을 기록할 수 있어 기쁩니다. 앞으로 AI가 우리의 삶에 어떤 영향을 줄지, 우리는 AI로 무엇을 하게 될지 예측할 순 없겠지만, 앞으로도 좋은 동료들과 함께 사람들을 연결하는 일을 할 수 있길 바랍니다.

Capel(김지욱)

누구나 AI에 관심을 갖고, 무언가를 시도해보는 시대입니다. 하지만 이제는 단순히 AI를 '사용했다'는 것보다, 어떻게 잘 활용했는지, 우리의 문맥에 맞게 어떤 방식으로 녹여냈는지가 더 중요해졌다고 느낍니다. 이 책에는 그러한 고민과 시도, 그리고 그 과정에서 얻은 작은 인사이트들을 솔직하게 담았습니다. 이 책이 같은 고민을 하는 분들에게 또 하나의 창조의 씨앗이 되기를 바랍니다.

Willie(권우석)

"시대가 바뀌고 있어요"라는 말을 참 많이 듣는 요즘입니다. 새로운 것들에 신기해하며 호기심이 생기면서도 사라지는 것들을 보며 불안한 마음이 들기도 하는데요. 이 책이 조금이나마 여러분의 호기심을 자극하길 바랍니다.

Brave(박성준)

이 책을 쓰는 동안에도 개발의 방식이 빠르게 변화하고 있음을 느낍니다. Copilot, Cursor, Claude Code까지 변화를 따라가는 것만으로도 벅차지만, 동시에 서비스 개발은 한층 더 쉽고 즐거워졌습니다. 이 책이 그런 변화 속에서 많은 분들에게 영감을 주고, 개발을 즐기게 되는 계기가 되길 바랍니다.

Rose(이해린)

초등교사로 커리어를 시작해 지금은 검색 운영의 효율화를 고민하며 일하고 있습니다. 머릿속 아이디어를 AI로 직접 구현할 수 있다는 감각은, 일을 바라보는 태도와 풀어가는 방식까지 달라지게 합니다. 다양한 도메인과 직무에서 여러분의 아이디어가 AI와 만나 더 큰 가능성으로 자라나길 응원합니다.

Aio(천재윤)

AI 시대의 새로운 패러다임 속에서 우리는 더 이상 사람을 늘리는 방식으로 문제를 해결하고 싶지 않았습니다. AI와 함께 운영 업무에 소비되는 시간을 24시간을 24분으로, 10일을 10시간으로 단축하며 압도적인 사용자 만족을 만들어내고 싶었어요. 이 책이 업무에서 AI를 활용하려는 여러분의 호기심을 자극하고, 반복되는 일상 업무를 혁신의 출발점으로 바라보는 계기가 되길 바랍니다.

Sang(하상혁)

비개발자인 제가 GPT와 대화하며

운영 도구를 만들 수 있었던 건, 기술이 아니라 매일 겪는 문제를 정확히 알았기 때문이라고 생각해요. 이 책을 읽는 여러분도 오늘 반복되는 업무가 있으신가요? 그러면 지금이 자동화의 시작점임을 기억하세요. 작은 시도가 모여 일하는 방식을 바꾸고, 결국엔 더 의미 있는 일에 집중할 수 있게 해줄 겁니다.

Kacey(한소리)

변화하는 IT 시대의 한가운데에서, 우리는 또 한 번 AI라는 물결을 마주하고 있습니다. 이 책을 펼친 여러분은 그 변화에 기민하게 반응하고, 직접 손에 쥐어보려는 멋진 분들이라 생각합니다. 같은 문제를 고민하며 함께 길을 찾아가는 분들과 이렇게 글로 생각을 나눌 수 있다는 사실만으로도 참 설레고 감사합니다. 이 책이 여러분의 일상과 업무에 작게나마 실질적인 도움이 되었기를 진심으로 바랍니다.

요즘 당근 AI 개발

AI가 만든 파도 위에서 과감히 서핑하는 법
AI 에이전트, 프롬프트 엔지니어링, VoC 자동 분석, 운영자동화, 바이브 코딩
AI 검색과 추천까지 당근의 AI 활용 이야기

초판 1쇄 발행 2025년 10월 10일
초판 3쇄 발행 2025년 11월 15일

지은이 천재윤, 권우석, 구경회, 김기혁, 김단, 김수지, 김지욱, 박성준, 이해린, 하상혁, 한소리

펴낸이 최현우 · **기획** 아이기스 · **편집** 윤신원, 최혜민, 김성경, 박우현, 토인비
디자인 남윤지 · **조판** 안유경
펴낸곳 골든래빗(주)
등록 2020년 7월 7일 제 2020-000183호
주소 서울 마포구 양화로 186 LC타워 5층 514호
전화 0505-398-0505 · **팩스** 0505-537-0505
이메일 ask@goldenrabbit.co.kr
SNS facebook.com/goldenrabbit2020
홈페이지 goldenrabbit.co.kr
ISBN 979-11-94383-47-5 93000

* 파본은 구입한 서점에서 바꿔드립니다.

우리는 가치가 성장하는 시간을 만듭니다.

골든래빗은 가치가 성장하는 도서를 함께 만드실 저자님을 찾고 있습니다.
내가 할 수 있을까 망설이는 대신, 용기 내어 골든래빗의 문을 두드려보세요.
apply@goldenrabbit.co.kr

이 책은 대한민국 저작권법의 보호를 받습니다.
일부를 인용 또는 재사용하려면 반드시 저자와 골든래빗(주)의 동의를 구해야 합니다.